AF332599

2
OK
680
C.

ESSAI SUR LA CONSTITUTION

DE

LA PROPRIÉTÉ DU SOL

DE

L'IMPOT FONCIER

ET DES DIVERS MODES DE PERCEPTION

DE CET IMPOT DANS L'INDE

Par M. E. SICÉ,

Chevalier de la Légion-d'Honneur,
Commissaire-adjoint de la marine, Chef du service des contributions
des Établissements français de l'Inde,
ancien élève de la Faculté de droit de Paris.

PONDICHÉRY

É.-V. GÉRUZET, IMP. DU GOUVERNEMENT

1866

ESSAI SUR LA CONSTITUTION

DE LA PROPRIÉTÉ DU SOL

DE L'IMPOT FONCIER

ET DES DIVERS MODES DE PERCEPTION

DE CET IMPOT DANS L'INDE

PREMIÈRE PARTIE.

CONSIDÉRATIONS GÉNÉRALES.

Il est des questions dont la solution semble défier les siècles. Nous ne croyons pas nous tromper en rangeant de ce nombre celle qui nous occupe.

Après avoir été diversement appréciée et presque toujours méconnue, la propriété, cette base fondamentale de la civilisation actuelle, serait encore pour beaucoup un problême à résoudre.

Un écrivain moderne, habile dialecticien, a essayé de démontrer pourquoi les philosophes, les publicistes, la loi elle-même, ont erré en définissant la propriété : « le droit d'user et d'abuser, » et en n'y donnant pas pour base l'égalité.

Parmi les considérations hardies déduites par l'auteur pour expliquer sa thèse, que nous nous dispensons d'examiner au point de vue général, il en est une qui mérite d'être signalée : c'est celle qui tend à poser en fait que, rigoureusement parlant, la terre ne saurait être appropriée, mais seulement possédée. En y réfléchissant sérieusement, nous avons trouvé qu'une clarté subite éclairait toute la question locale dont l'obscurité jusqu'alors nous avait paru s'épaissir, malgré les efforts que nous faisions pour la pénétrer. Ce n'est ni un sophisme, ni un paradoxe, ni une ombre vaine que nous poursuivons, mais bien une réalité palpable, pour ainsi dire, sur laquelle les siècles ont passé sans en rien altérer, et dont tout esprit exempt de préventions est à même d'apprécier les conséquences. On a pu et l'on a dû même nier ces conséquences, en France, où la propriété privée, cette proie que les progrès du christianisme ont arrachée à la barbarie et à la féodalité, triomphe aujourd'hui assise sur une base immuable. Mais, nous doutons que l'on puisse les méconnaître dans l'Inde, où les institutions locales, modifiées nécessairement par les conquêtes étrangères, n'en ont pas moins conservé les formes primitives sous lesquelles elles ont été organisées.

Il suffit, pour s'en convaincre, de considérer avec attention le principe fondamental sur lequel reposent la famille, la commune et le gouvernement hindous, qui marquent le plus parmi ces institutions, ou, mieux, qui les résument toutes, trilogie sociale, financière et politique, battue en brèche par des siècles d'anarchie et de guerre, et dont les traces observées par tous les voyageurs excitent à juste titre l'étonnement général. Ce principe, qui est la communauté, origine de toutes les sociétés humaines (1), ressort de lui-même, non-seulement des lois civiles et religieuses des Hindous, mais encore de leurs mœurs, de leur caractère et de leur condition sociale. Pour en assurer les conséquences, les rendre irrévocablement obligatoires, le législateur en a fait d'abord la base immuable de la famille, nous dirons mieux de la caste, dans l'Inde, où l'homme, pris au berceau, est élevé, vieillit et meurt dans le sein de la fraternité.

Un professeur illustre a écrit ces belles paroles qui traduisent si bien la pensée qui nous domine :

---

(1) Le genre humain, dit Pothier, s'étant multiplié, les hommes partagèrent entre eux la terre et la plupart des choses qui étaient sur sa surface ; ce qui échut à chacun d'eux commença à lui appartenir privativement à tous autres : c'est l'origine du droit de propriété. Dites, dites du droit de possession, répond l'auteur de : *qu'est ce que la propriété ?*

« L'Inde, plus voisine que nous de la création, a mieux gardé la tradition de la fraternité universelle. Elle l'a inscrite au début et à la fin de ses deux grands poëmes sacrés, le Ramayana et le Maha-Bharata, gigantesques pyramides devant lesquelles toutes nos petites œuvres occidentales doivent se tenir humbles et respectueuses. Quand vous serez fatigué de cet Occident disputeur, donnez-vous, je vous prie, la douceur de revenir à votre mère, à cette majestueuse Antiquité, si noble et si tendre : amour, humanité, grandeur, vous y trouvez tout réuni et dans un sentiment si simple, si détaché de toute misère d'orgueil, qu'on n'a jamais besoin d'y parler d'humilité. »

N'en doutons pas : la constitution de la famille, cette pierre angulaire de la société indienne, repose essentiellement sur la communauté, la fraternité, les premiers dogmes préchés par les plus anciens législateurs du monde.

Quelques exemples pris au hasard nous aideront à le prouver. Aujourd'hui, comme dans les temps les plus reculés, le frère absent, infirme ou idiot, n'en aura pas moins sa part des biens acquis par ses autres frères sans sa participation. La femme restera soumise, étant fille, à la tutelle paternelle, mariée, à la puissance maritale, et veuve, à la protection de ses parents les plus proches, afin que la lignée ne se perde pas et que les biens retournent à la masse commune. Mais l'exemple le plus frappant, n'est-ce pas l'union qui rapproche les uns des autres les individus appartenant à la même caste et à la même secte? tellement que l'injure faite au plus infime est ressentie et vengée par la compagnie tout entière; tellement encore, que le moindre manquement aux observances d'obligation générale, rend le coupable hostile à toute la caste, qui, non-seulement ne fraternisera plus désormais avec lui, mais même l'expulsera sans pitié de sa société? Triste fatalité, pourtant ! L'union, la confraternité, ces armes destinées à préserver l'Hindou de l'esclavage, de l'asservissement, on les a perfidement retournées contre lui-même. Le Machiavel indien, lui aussi, plongeant dans l'avenir, s'est écrié: *Divide ut imperes*, divise pour régner! Et la grande famille hindoue, si compacte, si unie, s'est déchiré son propre sein. L'histoire est là pour nous apprendre que la destinée des peuples de l'Asie, opposés en tout temps, de caste et de religion, et condamnés, par cela même, à une servitude éternelle, sera toujours d'appartenir à la première nation puissante qui voudra les conquérir et les subjuguer.

Revenons à notre sujet. Les lois nées avec les progrès de la civilisation, ont dû, nécessairement, statuer pour tous les cas possibles. En disposant pour celui où la communauté se dissout, elles n'ont fait que consacrer ce que de nouveaux besoins rendaient indispensable : vaines tentatives contre l'indivisibilité qui, enracinée dans le sol, infiltrée dans les mœurs, et favorisée par le climat, nous semble destinée à ne disparaître du monde qu'avec le dernier Indien. Interrogeons les faits ! Que se passe-t-il dans les familles hindoues, dans celles qui, fidèles aux observances qu'elles se transmettent de générations en générations, s'attachent à vivre comme ont vécu leurs ayeux? Quelle que soit la fortune à partager au décés de l'auteur commun, elle n'en continuera pas moins à rester indivise. Employée à sustenter la veuve, à doter, à marier les filles, à encourager l'industrie ou tout autre moyen de travail de chacun des membres de la famille, elle s'accroîtra du produit de leur labeur et passera ainsi à leurs descendants. La maison, le toît paternel, sous lequel vécut le défunt, naquirent ses enfants, objet sacré de la plus profonde vénération, sera religieusement conservée. Centre commun de réunion, foyer où rayonnent, sans cesse, les âmes des ancêtres, lieu témoin des époques les plus remarquables de la vie, telles que les naissances, les mariages, les mortalités, asile héréditaire destiné à recueillir les veuves et les vieillards, oser l'aliéner, y faire asseoir un maître étranger, c'est, pour un Indien qui se respecte, commettre un sacrilège, fouler aux pieds les plus saintes croyances; c'est briser avec le passé, avec les générations qui l'ont devancé, et dont les bienfaits, les œuvres méritoires, la bonne renommée perdus tant pour lui que pour sa postérité la plus reculée, lui apparaîtront comme autant de causes occultes destinées à lui rendre plus cruels les maux de cette vie et moins certain le bonheur de l'éternité; suites terribles d'une faute à jamais irrémissible! De telles notions se concilient difficilement, croyons-nous, avec l'idée d'une propriété individuelle et exclusive, d'une division de biens entraînant avec soi la destruction de la famille.

La communauté, l'indivisibilité, tels sont les seuls éléments que révèle, dans l'Inde, l'état des personnes aussi bien que celui des choses : une exposition succincte des principes constitutifs de la commune et du gouvernement hindous, achèvera de le démontrer.

De tous ceux qui en ont parlé, aucun n'a apprécié au juste, selon nous, le principe dominant du vieux système d'administration financière hindoue, qui est l'unité, la centralisation la plus compacte qu'on puisse voir. En effet, la commune indienne, qui n'en est que l'application, assimilée par les uns à la commune française, par d'autres à une république, n'est ni l'une ni l'autre de ces organisations à jamais impossibles dans l'Inde et essentiellement incompatibles avec les mœurs, le caractère et la civilisation hindous. C'est plutôt une communauté calquée sur celle de la famille et basée sur la négation de la propriété privée; une association libre de biens et de travaux profitant à la chose publique et administrée par un chef au nom du souverain. Les terres demeurées en commun étaient distribuées (1) individuellement, selon le capital et les moyens de travail de chacun et avec la condition d'acquitter l'impôt

---

(1) Cette distribution n'avait probablement pas lieu à une époque fixe, comme de nos jours, ni pour un temps déterminé à l'avance. Tant que l'on faisait partie du village, on avait le droit de jouir de ce que l'on possédait, droit qui ne continuait point de subsister, comme on pourrait se l'imaginer, alors qu'un changement de séjour ou une cause quelconque portait obstacle à l'exploitation directe. « Car, avec le travail naissait la possession privée, le droit dans la chose, *jus in re* ; mais dans quelle chose ? Evidemment dans le produit, et non dans le sol : c'est ainsi que l'ont toujours compris les Arabes et que, au rapport de César et de Tacite, l'entendaient jadis les Germains. Les Arabes, dit M. de Sismondi, qui reconnaissent la propriété de l'homme sur les troupeaux qu'il a élevés, ne disputent pas davantage la récolte à celui qui a semé un champ ; mais ils ne voient pas pour quoi un autre, un égal n'aura pas le droit de semer à son tour. L'inégalité qui résulte du prétendu droit de premier occupant, ne leur paraît fondée sur aucun principe de justice, et lorsque l'espace se trouve partagé tout entier entre un certain nombre d'habitants, il en résulte un monopole de ceux-ci contre tout le reste de la nation, auquel ils ne veulent pas se soumettre.

dû au souverain, plus quelques charges publiques, telles que l'entretien des serviteurs et artisans du village, les dépenses du culte, les corvées, etc., etc. Les conditions d'exploitation, la quotité de la rente, variaient nécessairement selon la nature et l'étendue des terres et la position sociale des personnes. Chaque village, administré par un *Gram-Adhikar* assisté d'un *Gram-Lekhak*, entretenait pour la commune utilité, un charpentier, un forgeron, un savetier, un gardien du village, un cordier, un potier, un barbier, un blanchisseur, un desservant du temple, un maître d'école, un barde et un distributeur d'eau. Ces serviteurs étaient au nombre de douze. Chaque habitant leur payait certains droits en nature qui augmentaient d'autant le produit des terres sans redevance dont ils jouissaient à titre de rémunération. Le chef du village, gram-adhikar, était le représentant du gouvernement et des habitants tout à la fois. Il administrait, percevait les revenus, jugeait les contestations, soit en personne ou en convoquant un tribunal composé d'arbitres, et faisait la police, le tout moyennant une remise dont la quotité variait suivant les pays et le montant de la perception. Plusieurs de ces villages, au nombre de dix, de vingt, de deux cents, même, composaient un district soumis à la direction d'un commandant ou gouverneur, nommé *Dec-Adhikar*, et auquel s'adjoignait le *Dec-Lekhak*, comptable public (1). Ainsi le gram-adhikar, chef du village, relevait du dec-adhikar, chef du district, et ce dernier du souverain qui, en sa qualité de représentant de la souveraine autorité sur la terre, était le pivot principal sur lequel roulait toute la machine, l'âme providentielle d'où coulaient sans cesse la vie, la force jusqu'aux confins les plus reculés du territoire.

Nous venons d'esquisser rapidement, il est vrai, l'organisation de la commune indienne dont on retrouve les éléments jusque dans le système actuel de perception. Base immuable de toutes les monarchies asiatiques, cette institution, dont l'origine se perd dans la nuit des temps, et qui, par la simplicité même de son mécanisme,

---

(1) Voir Wilks, *Of the south India*, chap. 5, p. 117; et John Briggs, *The present land tax, in India*, chap. II pp. 35-41.

a sans doute été le premier pas d'une civilisation restée stationnaire depuis lors, est un phénomène vraiment digne de remarques, lorsqu'on considère surtout qu'elle a traversé, presque intacte, les vicissitudes les plus étranges, et que les guerres les plus longues, les désastres, les servitudes dont témoigne l'histoire, n'ont pu en effacer les traces. Une expérience, ainsi mise à l'épreuve des siècles, n'est-elle pas, sans contredit, la sanction la plus éclatante à laquelle l'inventeur du système financier hindou pouvait s'attendre? la meilleure preuve enfin, qu'on ne saurait imaginer rien de mieux, rien qui fût plus approprié aux mœurs et au caractère des peuples de l'Inde. Aussi, pénétrés de cette importante vérité, tous les gouvernements étrangers établis sur le continent, ont-ils jugé utile d'adopter, dans chaque localité, les règles déjà en vigueur pour l'exploitation des terres et la perception des revenus territoriaux, tout en maintenant (1), par conséquent, les droits respectifs du souverain et du cultivateur, et dont l'essence serait que si l'un, le souverain, possède au nom de la société, sous la condition de protéger la chose publique par des actes de justice distributive contre les dissensions intérieures et au besoin, par les armes contre les empiétements des voisins et les invasions étrangères, l'autre, le cultivateur, posséderait également, mais avec l'obligation indéclinable, incessante, d'exploiter le sol pour garantir au souverain les moyens nécessaires à la conservation et au maintien de l'Etat confié à ses soins. De là découlerait une série de devoirs et d'obligations mutuelles dont la balance a pu pencher plus d'un côté que de l'autre, mais dont le cours, malgré les obstacles les plus invincibles, a dû toujours tendre à reprendre son niveau.

Ainsi, l'esprit qui a présidé à l'organisation de la famille et du village, deux des institutions les plus importantes des Hindous ; leur foi, à cet égard, dans une tradition immémoriale, abstraction faite des modifications causées par les bouleversements les plus extraordinaires,

______

(1) John Briggs, pp. 102, 127.

nous confirment dans l'opinion que la constitution du village, calquée sur celle de la famille, repose essentiellement sur la communauté, l'indivisibilité, et, par conséquent, sur la négation de la propriété privée.

Cette déduction, qui nous semble rationnelle, ne laisse pas que d'avoir de nombreux contradicteurs. Les plus compétents, les plus dignes de considération, sont assurément le major Wilks et le colonel John Briggs, qui, par leur long séjour dans l'Inde et par leur position d'anciens fonctionnaires du gouvernement britannique, ont été à même de recueillir de nombreux renseignements sur les divers modes de possession et d'exploîtation des terres. Le major Wilks qui, le premier, s'en est occupé, a consacré tout le chapitre V de son *Histoire du Maïssour*, à l'étude de la propriété du sol dans l'Inde. Reprise et développée par le colonel John Briggs, dans un traité spécial intitulé : *The present land tax, in India*, elle me paraît actuellement fixée, et, n'était l'erreur de principe qui vicie à nos yeux l'argumentation principale dont l'un et l'autre ont déduit la preuve de l'existence de la propriété privée dans l'Inde, tout serait dit, et il ne nous resterait plus qu'à nous incliner devant leur opinion.

Mais, nous nous hâtons de le faire observer, plus d'une difficulté s'opposerait, selon nous, à l'admission d'une telle preuve contre laquelle s'élèvent, d'ailleurs, les plus graves objections. Ne voulant pas anticiper, nous parlerons d'abord, de la société hindoue constituée sur une base ayant pour cause unique et fondamentale, la volonté toute puissante de Dieu, pour objet principal, la propagation de la race humaine, et dans laquelle les devoirs sont invariablement fixés (1).

En présence de textes aussi formels, de prescriptions aussi explicites que celles dont nous invoquons l'autorité, il est impossible de ne pas reconnaître, d'une part, que les quatre classes ne peuvent indistinctement se livrer aux mêmes travaux, aux mêmes occupations, sans violer la

---

(1) Manou, liv. 1, Çlóka 31, 83, 84, 87 à 91.

loi, sans fouler aux pieds les règles sociales les plus sacrées, et, de l'autre, que l'agriculture n'a jamais été en honneur chez les Hindous, les castes élevées qui s'y livrent avilissant leur rang et se souillant d'un acte réputé criminel par les sages. Fidèles à la religion de leurs pères, aux préjugés invincibles de la caste et surtout à la tradition, les brahmanes et les kchatriyas doivent donc recourir aux vaisyas et aux soudras pour labourer et cultiver la terre dont ils ne seraient, dès lors, que les possesseurs de nom, ou, pour mieux dire, les fermiers. De là, selon moi, leur occupation quoi qu'ils fassent, ne saurait être que médiate et complètement subordonnée à celle d'individus nés dans les classes auxquelles la culture des terres est permise, les seuls que l'on puisse considérer comme investis d'une possession immédiate. En effet, à défaut de secours étrangers, le propriétaire, en France et dans beaucoup d'autres contrées, met, comme on le dit vulgairement, la main à l'œuvre, guide sa charrue lui-même et ne se déshonore pas pour cela. Que, dans ces contrées-là, on attache à l'occupation territoriale une plénitude de jouissance telle qu'on ait cru pouvoir en faire découler la possibilité d'une appropriation, d'une incorporation égale à celle applicable aux objets mobiliers, nous le comprenons. Mais que, dans l'Inde, il en soit de même, en ce qui concerne particulièrement les brahmanes et les kchatriyas, c'est ce qu'il nous est impossible d'accorder. Il faudrait, pour cela, ne tenir aucun compte de ces idées de répulsion, de meurtre, d'avilissement attachées au labourage et à tout ce qui se rapporte à l'agriculture, partout honorée comme un bienfait, excepté chez les Hindous. Plus on y réfléchit, plus on est forcé d'admettre que la terre, entre les mains d'un brahmane ou d'un kchatriya, devient un instrument de travail inutile, un bien auquel ils ne sauraient toucher sans se dégrader aux yeux de leurs semblables. Réduits à l'impuissance par le refus des deux classes inférieures de se livrer à leurs occupations respectives, il ne leur resterait plus que la triste alternative ou de se déshonorer ou de périr. Force leur est donc de compter sur l'assistance de leurs subordonnés dans la hiérarchie politique, mais d'y compter

en sacrifiant nécessairement une partie plus ou moins
large de leurs avantages profonde idée du législateur qui
n'a voulu diviser que pour relier plus intimement, qui,
dans chaque partie, a su créer un élément d'utilité tel que
l'unité sociale en dépendît exclusivement. Car, les brahmanes, avec leur omniscience, et les kchatryas, avec
leurs vertus guerrières, n'étaient pas plus nécessaires à
l'État que les vaisyas et les soudras, avec leurs privilèges
agricoles, commerciaux et industriels. Si les uns concouraient à moraliser et à défendre le pays, les autres
n'en contrbinaient pas moins et d'une manière tout exclusive et plus efficace, à l'alimenter, à le conserver. Religion,
guerre, agriculture, commerce, industrie, ces causes
directes, ces sources communes de l'existence et de la
richesse des peuples, le législateur hindou, lui, les a com-
binées et réparties en privilèges, classes et catégories dont
l'assemblage et la liaison constituent une agglomération,
une unité telles que ni les efforts humains, ni le temps
n'ont pu en ébranler la base.

En effet, assise sur ce qu'il y a de plus immuable au
monde, le climat du pays et les habitudes natives et ca-
ractéristiques du peuple qui l'habite, elle devait nécessairement avoir les conditions d'avenir qui nous étonnent.

« Si, avec cette faiblesse d'organes qui fait recevoir aux
peuples d'Orient les impressions du monde les plus fortes,
dit Montesquieu, vous joignez une certaine paresse dans
l'esprit, naturellement liée avec celle du corps, qui fasse
que cet esprit ne soit capable d'aucune action, d'aucun
effort, d'aucune contension; vous comprendrez que l'âme
qui a une fois reçu des impressions ne peut plus en
changer. C'est ce qui fait que les lois, les mœurs et les
manières, même celles qui paraissent indifférentes, comme
la façon de se vêtir, sont aujourd'hui en Orient comme
elles étaient il y a mille ans (1). »

L'immutabilité des institutions, des mœurs et des usages
de l'Inde, basée sur l'influence du climat étant une fois
établie, les conséquences qui doivent en résulter sont
faciles à déduire.

____

(1) Montésquieu; *De l'Esprit des lois*, liv. XIV, chap. 4.

D'abord, si les faits n'ont pas changé, les principes, évidemment, sont demeurés les mêmes.

Or, ceux d'après lesquels furent institués la famille et le village hindous étant, comme nous l'avons déjà expliqué, la communauté et l'indivisibilité; et le gouvernement de l'Etat chez tous les anciens peuples, ayant été exactement formé sur l'idée du gouvernement de la famille (1), la constitution hindoue, comme celle de tous les anciens peuples, devait incontestablement se fonder sur la même idée et, par conséquent, exclure toute tendance à une division de droits qui aurait eu pour résultat la liberté, et entraîné finalement la ruine des institutions. Tandis qu'il est de fait qu'elles se sont maintenues aussi intactes que possible, malgré les perturbations qu'elles eurent à subir, et cela, d'abord, par le penchant naturel et instinctif, pour ainsi dire, que les Hindous, peuple passif et stationnaire s'il en fut jamais, éprouvent pour l'inaction, penchant qui les rendrait non-seulement ennemis de tout changement (2), mais encore incapables d'apprécier les avantages résultant d'institutions libérales et populaires, lesquelles impliquent le mouvement et un progrès continu, comme étant de leur nature; et surtout par le despotisme du gouvernement hindou favorisé et entretenu par la mollesse, l'apathie de sujets enchaînés à l'observance d'une foule de pratiques religieuses, et soumis à une espèce de servage théocratique qui fait qu'il leur importe peu de savoir qui gouverne (3). D'où nous pensons que le despotisme sous lequel ont toujours vécu les Indiens, ne résulterait pas des hommes, mais bien des choses, des principes, des institutions, despotisme d'autant plus difficile à extirper, que l'existence en serait plus intimement liée à celle de la société.

---

(1) Montesquieu, *De l'Esprit des lois*, liv. XIX, chap. 19.

(2) *Idem*, liv. XIV, chap. 4.

(3) Les habitants de ce pays n'ont d'attachement pour aucun gouvernement; ils obéissent à celui qui leur paraît le plus fort, sans se compter eux-mêmes parmi ses moyens d'action (Paroles de lord Clive rapportées par Warren, tome II, p. 263.

Le peuple ne pouvant se mêler des soins à donner au maintien de l'Etat, ces soins incombaient naturellement au souverain qui lié par des devoirs qu'il lui était légalement et religieusement impossible de transgresser, devait apporter, dans l'exercice de son pouvoir quelque absolu, quelque illimité et arbitraire qu'il fût, beaucoup de modération et de tempérament, obligé qu'il était de ménager les classes moyennes et serviles dont l'existence et la conservation faisaient toute la force de l'Etat. Mais, si les brahmanes et les kchatryas ne pouvaient se passer des vaisyas et des soudras, ceux-ci, trop inhabiles dans l'art de gouverner et tout absorbés par des intérêts purement matériels, devaient nécessairement compter, à leur tour, sur l'assistance et l'appui des brahmanes et des kchatryas, leurs protecteurs naturels. Membres d'un même corps, toute division devait leur être funeste, aux uns comme aux autres, et l'unité, au contraire, un élément de vie et de durée infaillible.

Nous ne croyons donc pas nous tromper en considérant, d'après tout ce qui précède, la famille, le village et le gouvernement hindous, comme trois institutions assises sur une base commune, l'indivisibilité, et n'admettant d'autre principe que celui de la communauté.

Nous avons dit que les brahmanes et les kchatryas ne pouvant, d'après la loi, se livrer à la culture, à l'exploîtation agricole, devaient nécessairement être considérés comme les possesseurs de nom, les fermiers, à vrai dire, des terres dont ils jouissaient, et par cela même, comme n'ayant aucun titre à la qualité de propriétaires.

Cette opinion justifiée en droit, ne l'est pas moins en fait. Qu'on invoque, si l'on veut, les coutumes locales, les habitudes, les usages de n'importe quelle contrée de l'Asie, nulle part on ne verra des cultivateurs, des laboureurs, appartenant à la classe des brahmanes ou à celle des kchatryas. Tous sortis des deux classes inférieures et convaincus de la subalternité de leur condition, usent du privilège qui leur est exclusivement accordé par la société de féconder et de faire fructifier le sol. Mais à quelle condition ? Nous n'osons le dire; oui, à celle d'esclaves, d'abord, et, depuis les conquêtes étrangères seulement , à celle de détenteurs directs, mais, comme propriétaires, jamais. La preuve en est facile.

Pour la faire, il est nécessaire de prendre les choses d'un peu haut.

Aujourd'hui, les recherches de la science et les progrès de l'histoire ne permettent plus de douter de la conquête de l'Inde par la race arienne. Bien que l'époque à laquelle arriva cet évènement considérable, ne puisse être précisée, l'accomplissement n'en résulte pas moins d'une foule de faits attestés par tous les voyageurs.

D'ailleurs, les notions ethnologiques les plus élémentaires suffisent pour établir que les brahmanes ne sont point aborigènes de l'Inde. Des traits qui offrent peu de ressemblance avec ceux de la majeure partie de la population indigène, un teint généralement plus clair, un costume caractéristique, des formes plus dégagées, un parler subtil, enfin tout ce qui dessine l'être physique, conduit, au contraire, à admettre l'opinion des historiens qui les considèrent comme une race dont la mission fut de civiliser par les lettres, les sciences et les arts, tandis que les kchatryas, autre branche de la même famille, conquéraient par les armes.

Quant aux aborigènes, refoulés dans les bois, ou réduits à un état d'abjection tel que leur présence ou leur rencontre est encore aujourd'hui réputée une souillure, il en existe partout dans l'Inde. « Ainsi, à Ceylon, on trouve « les Védas ou Bédas qui, selon toutes les apparences, « dit John Briggs, sont les seuls indigènes de l'île vivant « encore dans un état sauvage, au milieu des forêts qui « s'étendent du sud à l'est et au nord, sur la limite des « frontières. »

« Dans les forêts de la côte Malabare, dit l'abbé Dubois, « on rencontre une tribu qui, chose difficile à croire, surpasse encore en abjection les deux dont on vient de « parler (les Paller et les Pariahs). C'est celle des Pouliahs « que l'on considère comme bien au-dessous des bêtes qui « partagent avec eux le domaine de ces lieux sauvages (1). »

« Enfin, entre les Mahrattes et le golfe du Bengale, sur

---

(1) *Mœurs institutions et cérémonies de l'Inde*, par l'abbé Dubois, tome 1er. p. 66.

« les bords du Mahanuddy, dans ces vastes contrées
« marquées dans les cartes indiennes sous le nom de
« *unexplored countries*, se retrouvent les dernières tribus
« des aborigènes de l'Inde, disparues partout ailleurs
« devant l'invasion de la civilisation brahmanique à la-
« quelle elles n'ont emprunté que ses superstitions. Ces
« tribus vivent encore à l'état sauvage, offrant des sacri-
« fices humains. Ce sont les Ghounds dont la misérable
« population peut compter un million d'âmes (1). »

Aux trois races d'hommes énumérées ci-dessus, ajoutons
les Paraeyer (2), les Poullar, les Valouvar et les Palli,
composant partout les couches inférieures de la société,
les premiers, employés, dans certaines contrées, sur les
terres des Vellalar, à l'instar des Palli sur celles des Brahmanes (3), tous se livrant aux professions les plus viles,
et nous aurons à peu près récapitulé.

Les degrés intermédiaires ont dû nécessairement comprendre dans l'origine, la masse du peuple conquis qui,
ne pouvant s'arracher à ses foyers, au sol de la patrie, pré-
féra subir le joug des vainqueurs. Ceux-ci, par cela même
qu'ils voulaient la conservation de leur conquête, recru-
tèrent, sans doute, parmi les vaincus, ces éléments si précieux et si utiles dont ils composèrent ensuite les classes
moyennes des vaisyas et des soudras, se réservant pour eux
les prérogatives de la royauté et du sacerdoce. Ainsi se
constitua, sur une base plus solide et plus compacte, la
nouvelle société hindoue.

Quoique réduits à l'esclavage (4), les vaïsyas et les soudras

---

(1) *L'Inde anglaise*, en 1843, par le comte Edouard de Warren,
tome II, p. 299.

(2) Dans le Canara et le Maïssour, les Paraeyer ne sont connus, même
aujourd'hui, que sous la dénomination de Houllia.

Canara, conquis par l'une des dynasties de 77 rois qui ont régné
à Banavassi, vers l'an 1450 avant Jésus-Christ, est celle des contrées de
l'Inde qui a le plus conservé de ses anciennes institutions. D'après la
tradition, l'un de ces 77 rois, aurait réduit Hoobasica, roi Houllia ou
Paraeya et tous ses sujets à l'esclavage, condition qui est celle de la
plupart de ces derniers, Wilks, *Of the south India*, chap. 5, p. 151.

(3) John Briggs, pp. 54 et 55.

(4) Il était d'usage anciennement, dans l'Inde, de réduire les vaincus à
la condition d'esclaves et de confisquer leurs terres, usage qui aurait cessé
quelques siècles avant l'expédition d'Alexandre. Wilks, chap. 5, p. 149.

ont dû, néanmoins, conserver, sous le nouveau régime, une partie des avantages dont ils jouissaient dans leur état d'indépendance. C'eût été impolitique, sans doute, de les en dépouiller immédiatement : l'agriculture, le commerce, l'industrie, les arts mécaniques eussent péri faute de bras ; l'intérêt des conquérants exigeait donc que les vaincus fussent incorporés dans la nouvelle société ; ils le furent aussi. Mais, par suite de leur asservissement, ils ne durent plus conserver qu'un droit purement nominal dans les choses auxquelles ils pouvaient avoir eu un droit réel auparavant.

Pour ne parler que de la possession du sol, à quelque titre qu'ils le détinssent, les vaincus, en leur qualité d'esclaves, devaient nécessairement en être dépouillés ; car, n'ayant plus la force en main, comment auraient-ils pu défendre un droit si difficile à conserver, même de nos jours? Ils travaillaient, ils exploîtaient donc pour leurs maîtres, les brahmanes et les kchatryas qui, ne pouvant, d'après leurs croyances et surtout d'après les traditions qu'ils avaient apportées des lieux d'où ils venaient, se livrer à la culture des terres, préférèrent, sans doute, renoncer à la possession de fait, se contentant de se l'attribuer en droit, de la défendre et de la protéger, tant dans leur propre intérêt que dans celui des tenanciers.

Enfin, l'état des terres, ce nous semble, dut éprouver dans l'Inde, à l'avènement de la domination brahmanique, la même révolution qu'il subit en France, à la fin du cinquième siècle (1).

Si les brahmanes et les kchatryas garantissaient aux vaïsyas la possession tranquille et continue des terres qu'ils cultivaient, ils s'assuraient, en même temps, la jouissance de la majeure partie des revenus. Ces colons ont dû acquérir, peu à peu, de nouveaux droits sur le sol qu'ils faisaient valoir, mais des droits toujours soumis à de grandes restrictions.

Cette dernière circonstance nous paraît avoir été la cause de l'erreur qui a porté à croire qu'il a pu exister, dans l'Inde, des terres possédées à titre de propriété

---

(1) Guizot, *Essais sur l'histoire de France*, p. 176.

exclusive. On n'a pas assez pris garde aux institutions locales, au régime particulier de société sous lequel ont vécu et vivent encore les Hindous. Les vaïsyas, bien qu'ils fussent les seuls auxquels les lois religieuses et civiles, d'accord avec les traditions, permissent de s'occuper d'agriculture, les seuls qui pussent posséder de fait et réellement, n'en étaient pas moins réduits, par leur condition sociale, à ne posséder que sous le bon plaisir des brahmanes et des kchatryas, qui pouvaient les piller et les déposséder, sans avoir à repousser la force par la force.

Aux raisons que nous avons déduites et d'après lesquelles nous sommes incliné à croire que les individus classés, chez les modernes Hindous, comme vaïsyas et comme soudras, ont dû provenir des anciens peuples de l'Inde, que la civilisation brahmanique a reconstitués sur une base nouvelle, nous ajouterons l'inégalité frappante qui a régné dans la répartition des charges imposées aux quatre classes instituées par Manou. L'agriculture, le commerce, l'industrie, les arts mécaniques, considérés comme des professions serviles, étaient, chez les anciens, exclusivement réservés aux peuples vaincus (1). Ce fut à ce dernier titre, évidemment, que les brahmanes et les kchatryas y assujettirent les vaïsyas et les soudras. Nous en verrons d'ailleurs, la preuve dans la modicité et l'invariabilité de l'impôt foncier réglé par Manou, livre VII stance 130, et livre X stance 10. « Dans une monarchie, dit Montes- « quieu, lorsque la noblesse fait cultiver les terres à son « profit par le peuple, il faut encore que la redevance ne « puisse augmenter et l'on est forcé de la modérer à me- « sure que la servitude augmente » (2).

Par la suite des temps, le peuple conquis et le peuple conquérant durent se rapprocher par la force des choses, et leur condition respective, se modifier de manière à ce qu'ils ne fissent qu'un seul et même peuple, tel que nous le voyons aujourd'hui. La fusion, loin d'être complète et réelle, ne fut qu'apparente ; car les vaincus, dans le nouvel Etat, n'en demeurèrent pas moins soumis à une

---

(1) Montesquieu, *De l'esprit des lois*, liv. IV, chap. 8.
(2) *Idem* *id* liv. XIII. chap. 4 et 11.

espèce de servitude, conforme à l'esprit et aux principes du gouvernement hindou où l'esclavage semble avoir été la base de l'indépendance du citoyen, ainsi que dans la Grèce antique.

Une preuve à l'appui de notre opinion, « c'est la disparition des vaïsyas dont les traces se sont perdues à tel « point, dit un auteur moderne, qu'on ignore si aucune « des castes actuelles substituée aux anciennes peut, à « bon droit, prétendre leur appartenir (1). » Remarquables par l'antiquité de leur origine, par le privilège qu'il fallut leur conserver de s'enrichir, afin de contribuer à enrichir, en même temps, les classes supérieures, les vaïsyas ne tardèrent pas, sans doute, à s'apercevoir des désavantages de leur condition : lutter pour saisir le pouvoir, se briser dans la lutte et disparaître enfin, résultat suffisant à prouver, selon nous, la primordialité des vaïsyas dans la possession du sol de l'Inde, et l'abandon, soit forcé, soit volontaire qu'ils durent faire aux brahmanes de leur qualité de premiers occupants.

Nous croyons avoir réuni assez de preuves pour faire admettre la première partie de notre proposition, celle tendante à poser en fait que les vaisyas et les soudras ont dû, dans l'origine de la domination brahmanique, n'exploiter le sol qu'en qualité de sous-cultivateurs. Il nous reste à en démontrer la seconde partie où nous déclarons que ce n'est que depuis les conquêtes étrangères, seulement, qu'ils purent le faire à titre de détenteurs directs. Nous n'aurons besoin d'employer pour cela qu'une seule argumentation, laquelle nous paraît, du reste, péremptoire. C'est l'opinion même du colonel John Briggs, le plus chaud partisan de l'existence de la propriété absolue du sol, dans l'Inde, lequel s'exprime ainsi, en parlant du résultat des invasions mahométanes :

« Tant que l'impôt foncier du Gouvernement fut léger, « tel qu'il était sous la domination hindoue, le détenteur « direct du sol pouvait entretenir des esclaves et des do- « mestiques pour les travaux de culture. Mais, dès que

---

(1) *Étude sur le droit civil des Hindous*, par M. E. Gibelin. Introduction, p. 33.

« la redevance qu'on lui imposa devint tellement oné-
« reuse qu'il fut obligé de conduire lui-même la charrue,
« aidé de ses enfants et de ses parents, à la subsistance
« desquels les lois de la nature et de la société lui pres-
« crivaient de pourvoir, il ne fut plus à même de nourrir
« des esclaves et des serviteurs qui, par conséquent,
« devinrent libres. Ainsi, quelque étrange que puisse
« paraître cette circonstance, tel est cependant le fait que
« les exactions des mahométans eurent pour effet d'abolir
« l'esclavage des cultivateurs, dans toute l'étendue de leur
« domination (1). »

On ne saurait se dissimuler la gravité de la conséquence
que John Briggs tire des exactions des mahométans.

Elle est telle que, malgré l'élévation extraordinaire de
l'impôt foncier, cause occasionnelle de l'affranchissement
des cultivateurs, il nous est impossible de ne pas y voir le
germe de la révolution que la possession territoriale a subie
dans l'Inde. Or, plus la propriété tend à se diviser, plus
elle approche de sa véritable condition, qui exige qu'elle
soit abordable au plus grand nombre. Elle s'en écarte
évidemment et devient mauvaise, comme l'a judicieusement remarqué M. Guizot, lorsqu'au lieu de se diviser on
la voit s'accumuler progressivement dans les mêmes mains.
Donc, le résultat attribué par John Briggs aux exactions
des mahométans est un acheminement vers le bien et la
condamnation, par conséquent, d'un ordre de choses dont
il est impossible de déduire l'existence de la propriété
absolue du sol.

Nous ne contesterons pas que, depuis Manou jusqu'à ce
jour, la possession territoriale s'est profondément améliorée. En effet, et d'après notre propre système, le labourage, la culture des terres imposées d'abord comme un
devoir, comme une corvée, aux vaisyas et aux soudras, en
leur qualité de peuple conquis, seraient devenus une simple
faculté à laquelle auraient renoncé même les soudras. Ainsi,
dans le pays tamil comprenant les domaines des anciens
rois de Canjivaram et de Madura, en partie restés libres
de la domination musulmane, et où l'on a observé, par

____

(1) John Briggs, p. 54.

conséquent, que les institutions hindoues se sont conservées intactes plus que partout ailleurs, les vellalars (1), l'une des principales castes de soudras de la nation tamile, se trouveraient héréditairement investis du droit exclusif à la possession et à la jouissance des diverses espèces de terres situées dans lesdits royaumes, possession et jouissance qu'on y qualifie de *Kaniatchy*, mot tamil signifiant propriété libre et héréditaire du sol (2). Quelle immense révolution que celle à laquelle des soudras, la dernière classe du peuple hindou, et destinés à servir toutes les autres, doivent d'être reconnus comme les seuls individus qui, dans l'Inde, puissent prétendre à une appropriation quelconque du sol. Mais, il est très-important que l'on sache que tous les arguments employés par Wilks, John Briggs, et autres défenseurs de l'existence de la propriété du sol dans l'Inde, se fondent principalement sur le mot *Kaniatchy* que les musulmans ont remplacé par celui de *Miras*. Mais, quand nous y serons, nous aurons bientôt démontré que ce criterium soi-disant de la propriété foncière n'est qu'un fantôme grossi d'exagérations systématiques qui, réduites à leur plus simple valeur, se dissipent comme une ombre.

Ainsi, les brahmanes et les kchatryas étrangers au sol de l'Inde, n'ayant pu s'y nationaliser de manière à effacer toute ligne de démarcation entre eux et les aborigènes et à faire oublier leur origine primitive, circonstance sur laquelle nous croyons devoir nous fonder pour dire qu'ils n'ont jamais eu que la jouissance et non la propriété exclusive des terres exploîtées par les vaisyas ; ceux-ci, d'un autre côté, avec le privilège de disposer librement de toutes les sources de la richesse publique, étant parvenus à constituer une aristocratie de fortune qui dut tenir en respect le despotisme des classes supérieures, tout en écrasant les soudras du poids des charges les plus pénibles auxquelles concouraient, naguère, vaisyas et soudras ; les brahmanes, les kchatriyas et les vaisyas, disons-nous,

—————————

(1) Les vellalars emploieraient les aborigènes du pays, tels que les paraeyars et les pallars pour labourer et cultiver leurs terres. John Briggs, p. 55.

(2) John Briggs, p. 242.

exposés comme les plus riches, les plus puissants du pays, aux attaques et aux exactions des conquérants musulmans, durent être dispersés et réduits à envier même la condition des soudras ; car, ceux-ci, affranchis des liens qui les tenaient soumis au joug de leurs anciens maîtres furent les seuls à profiter de la tourmente sociale qui engloutit les autres et dont l'avènement leur ouvrit une ère nouvelle, ère de liberté et d'émancipation qui, grâce à l'administration prudente et éclairée des Anglais a, depuis peu, repris son cours qu'elle poursuit plus activement que jamais.

Enfin, les soudras, eux qui étaient réduits à cultiver la terre, à l'arroser de leurs sueurs, pour engraisser des maîtres durs et impitoyables, ils purent donc la posséder, cette terre, et l'exploîter pour leur propre compte. Quels que furent les bouleversements et les perturbations qui contribuèrent si efficacement à améliorer, ainsi, la condition des soudras, le résultat n'en est pas moins heureux, en ce sens que ce fut la portion la plus nombreuse et la plus malheureuse de la population qui aurait été appelée à en recueillir les avantages.

Les deux points de notre proposition se trouvent donc démontrés : les cultivateurs dans l'Inde, après avoir labouré le sol en qualité d'esclaves, l'exploitèrent à titre de simples détenteurs, vérité dont la preuve deviendra, nous l'espérons, plus évidente, à mesure que nous avancerons dans l'exposé des faits qu'il nous reste à examiner.

Nous ne nous arrêterons pas davantage à faire ressortir toute la valeur que l'opinion d'un savant tel que John Briggs ajoute à celle à laquelle nous inclinons. L'établissement des musulmans, dans l'Inde, fut pour les cultivateurs hindous l'aurore de la liberté. Il est vrai qu'affranchis de la tyrannie des brahmanes et du pouvoir despotique des souverains d'une foule de petits États indépendants les uns des autres et pour lesquels l'esclavage du peuple était, assurément, une condition essentielle de vie et de durée, ils ne comprirent pas immédiatement toute l'influence qu'une révolution aussi extraordinaire était destinée à exercer sur la nature et l'étendue de leurs prétentions à la propriété exclusive du sol. En effet, aujourd'hui plus que jamais, les Anglais eux-mêmes dont le pouvoir domine dans l'Inde, reconnaissent que tous les droits n'ont pas été respectés, qu'une grande confusion s'est glissée dans l'appréciation des éléments qui ont servi de base aux divers systèmes d'imposition en vigueur de nos jours et que, dans l'intérêt des gouvernements comme des gouvernés, il serait temps d'organiser la propriété privée, en l'entourant de garanties moins précaires que celles qu'on y accorde, afin d'encourager la culture des terres, l'une des sources les plus abondantes de la richesse publique. Mais, les recherches et les essais auxquels on s'est livré, depuis lors, ne prouveraient qu'une chose, c'est que l'institution serait à créer. Car, si elle existait déjà, quelque part, assurément on se fût empressé de la faire revivre. Tandis que l'on n'en est réduit, à cet égard, qu'à des probabilités, à des systèmes plus ou moins complets, tous susceptibles d'objections dont il est de fait qu'ils n'ont pas encore triomphé. Ceci mérite un examen sérieux auquel nous nous livrerons en traitant la question de droit, trop importante pour pouvoir être confondue, ici, avec les généralités que nous ne pouvions éviter.

L'histoire du peuple hindou admet deux divisions bien tranchées, l'une antérieure et l'autre postérieure à la conquête et à la civilisation brahmanique. Nous n'essaierons pas de nous appesantir sur la première ; il serait, du reste, difficile et même impossible de le faire. Nous nous bornerons, néanmoins, à constater l'existence d'une race primitive d'Hindous à laquelle paraît s'être substituée celle actuelle. Ce point est fort important. C'est, à notre avis, la meilleure objection qu'on puisse opposer à l'opinion de ceux qui voudraient assigner aux droits des Indiens de ce siècle une origine immémoriale, laquelle devrait être ramenée, selon nous, à une époque beaucoup plus rapprochée de nous.

Quant à la seconde division, elle pourrait se subdiviser en plusieurs phases se rapportant, chacune, à une forme particulière de gouvernement, savoir :

La première phase, à la monarchie absolue mais tempérée par la diffusion des pouvoirs, conséquemment à la division du peuple en quatre classes ;

La seconde, à la féodalité dont le règne, d'abord simultané avec celui de la monarchie, y a survécu dans l'Inde, et se continue, de nos jours, dans quelques-unes des contrées septentrionales ;

La troisième, à la domination musulmane ;

La quatrième, à l'administration anglaise.

Forcé de nous renfermer dans des limites extrêmement restreintes, nous regrettons de ne pouvoir entrer, ici, dans tous les développements que comporteraient les quatre ordres de faits indiqués ci-dessus, développements qui exigeraient des volumes pour être convenablement exposés. Nous nous attacherons, donc, aux seuls détails indispensables pour l'explication claire et nette de notre pensée.

Gouvernement monarchique hindou.

Les motifs que nous avons déjà fait valoir pour établir que la forme essentiellement monarchique du gouvernement hindou n'admettait d'autre base que la communauté et l'indivisibilité, nous paraissant suffisants, nous nous dispenserons d'y revenir. Il reste donc démontré pour nous :

1° Que bien que les privilèges et les distinctions, autrement dit, les catégories inséparables de toute monarchie (1) et favorables plutôt à l'aristocratie, qui y domine toujours, qu'à aucune autre classe de la société, s'opposent à ce que les charges soient également réparties, en sorte que les forts dominant les faibles ; et les riches les pauvres, les avantages seraient tous d'un seul côté, et les inconvénients de l'autre ; il n'en résulterait pas moins de l'observation des faits que les brahmanes et les kchatriyas que l'on peut regarder comme constituant chez les Hindous l'aristocratie religieuse, militaire et scientifique, et qui devaient pour défendre leurs prérogatives et leur prééminence de rang, ôter aux vaisyas et aux soudras, les moyens de se rendre indépendants, de devenir libres, ce qui leur était réellement plus facile en raison de leur activité et de leur industrie qu'aux brahmanes et aux kchatriyas, plongés dans l'oisiveté et la mollesse, ces derniers, disons-

---

(1) Montesquieu, *De l'esprit des lois*, liv. III, chap. 7.

nous , ne pouvaient, cependant , abuser des avantages qu'ils tenaient de leur position, avantages qu'aliénaient de fait la spécialité et le concours obligé des vaisyas et des soudras, qui dominés pas leur foi religieuse, le respect des traditions et leur habitude de soumission, n'osèrent jamais envisager, même en perspective, leur facile émancipation.

2° Que, dans un pareil état de choses qui exclut la liberté et l'égalité et n'admet, par conséquent, que la servitude et le règne des préférences, si opposé à l'institution de la propriété, laquelle suppose toujours l'action régulière des lois et un régime de société plus libéral et moins égoïste que celui des Hindous, le seul principe admissible, selon nous, serait la possession en commun, la nature des liens qui rattachent les despotes et les tyrans à leurs peuples esclaves n'en permettant pas d'autre.

3° Que cette possession, d'abord profitable aux maîtres seuls, devait être extrêmement préjudiciable aux esclaves dont la condition modifiée et améliorée avec le temps, par la force irrésistible des choses, dut contribuer, enfin, à rendre cette possession en commun moins onéreuse, sans en changer, toutefois, la nature. Aussi, la classe des vaisyas sortie évidemment du bas peuple, pour mieux dire, du peuple vaincu et soumis à l'esclavage, ainsi que l'attestent d'ailleurs les occupations, les devoirs et les charges qu'elle partagerait avec la classe des soudras, n'a-t-elle acquis la position relativement supérieure qu'elle occupe dans la hiérarchie sociale hindoue, que par suite du changement des mœurs et des rapprochements qui ont dû s'opérer entre les diverses classes du peuple.

Ces conséquences, nous devions les faire ressortir, afin de préciser les points sur lesquels nous nous fondons pour contester l'existence de la propriété privée dans l'Inde, sous le règne du gouvernement hindou. Or, tant que la monarchie put se maintenir intacte, tant qu'aucun germe de division ne vint en troubler l'unité, les institutions publiques durent paraître les meilleures, les plus propres aux habitudes et au caractère distinctif du peuple hindou. Mais, dès que les progrès de la civilisation le portèrent au changement, dès qu'une trop grande agglomération d'individus rendit le territoire insuffisant et l'autorité du monarque sans action sur ceux qui y étaient soumis, alors s'opéra une première révolution qui modifia l'ancien ordre de choses, révolution que nous considérons comme une des phases du gouvernement hindou, dont nous allons nous occuper, en parlant du régime de la féodalité dans l'Inde.

Régime féodal.

John Briggs, relativement à l'établissement, dans l'Inde, des communautés des villages qu'il fait remonter à une époque bien antérieure à celle de Manou, consigne l'observation suivante : «qu'il n'était pas inusité que le roi « entretînt son armée et récompensât les officiers et les « nobles de sa cour, par des concessions de revenus ; et « bien que ces commandants résidassent dans les districts « mêmes, ils n'avaient pas le droit de se mêler des anciens « usages du peuple, mais seulement de percevoir l'impôt « dû au roi, laissant les communautés des villages adminis- « trer leurs propres affaires (1). »

Ces concessions de revenus nous paraissent pouvoir expliquer l'origine de la féodalité dans l'Inde. Aidant ceux qui en étaient l'objet, à s'enrichir, à se fixer d'une manière stable, dans le pays, elles devaient aboutir inévitablement à les affranchir, à les rendre indépendants du souverain dont ils finissaient par méconnaître l'autorité. De là, des empiètements successifs, des rébellions soudaines qui faisaient prendre les armes dont le succès fondait immédiatement la suzeraineté, l'empire du vainqueur.

Le souverain payé d'ingratitude par ceux-là même dont il avait voulu reconnaître le zèle, le dévouement et les services, était donc réduit à voir se détacher de son royaume la portion de territoire, objet de sa royale munificence. Et par la force irrésistible des choses, ceux qui n'étaient d'abord que les usufruitiers, les bénéficiers, pour mieux dire, des revenus d'un district composé souvent de plus de deux cents villages, en devenaient les seigneurs suzerains par droit de conquête. La féodalité était née.

______

(1) John Briggs, p. 35 et 41.

Ecoutons, à ce sujet, l'auteur des Essais sur l'histoire de France :

« Du 6ᵉ au 10ᵉ siècle, dit M. Guizot, en parlant des
« vicissitudes générales de la propriété bénéficiaire, on
« rencontre donc, à toutes les époques, des bénéfices arbi-
« trairement révoqués, des bénéfices temporaires, des béné-
« fices à vie, des bénéfices héréditaires ; et ces divers modes
« de concession ont été, non point successifs, mais simul-
« tanés et contemporains.

« Que si l'on veut, cependant, reconnaître, au milieu de
« la diversité des actes, de la violence des mœurs, quelles
« ont été, durant cette période, les vicissitudes générales
« de la condition des bénéfices, voici, ce me semble, tout
« ce qu'on peut affirmer :

« 1° Originairement et communément les bénéfices
« étaient concédés à titre d'usufruit et à vie, pourvu que le
« bénéficier demeurât fidèle au donateur ;

« 2° Le cours des choses tendait constamment à les
« rendre héréditaires.

« Le premier fait découlait nécessairement de la nature
« de ces relations du chef avec les compagnons, qui, après
« l'établissement territorial, donnèrent naissance aux béné-
« fices ; ces relations étaient toutes personnelles, les con-
« cessions de bénéfices durent l'être également. Les bar-
« bares ne démêlaient, guère, à quel point le don d'un
« domaine différait de celui d'un cheval ou d'une framée ;
« ils n'en prévoyaient pas les conséquences et s'en pro-
« mettaient le même avantage, l'attachement d'un guer-
« rier à leur personne et à leur service. Mais la nature de
« la propriété foncière ne tarda pas à se développer ; elle
« sépara ceux qu'on lui demandait de tenir unis, l'usufrui-
« tier voulut devenir propriétaire absolu et permanent,
« l'esprit d'indépendance et de famille prit la place de l'es-
« prit d'association entre des individus errants. Dès lors
« commença, entre les bénéficiers et les donateurs, cette
« série de violences et d'usurpations réciproques qui devait
« se terminer par le régime féodal, sorte de transaction
« qui vint rendre stables et régulières ces relations des
« propriétés et des familles jusques là en proie à la lutte

« des forces individuelles et aux chances du désordre
« social (1). »

Il est impossible de mieux expliquer les causes qui ont
produit en France, comme dans l'Inde, le régime féodal.
Ces causes sont les mêmes (2). La seule différence à faire,
c'est qu'à l'époque de l'établissement de ce régime, dans la
plupart des contrées de l'Asie où il est devenu la forme définitive du gouvernement, la civilisation hindoue avait déjà
atteint son apogée, les dernières limites après lesquelles
elle devait rester stationnaire, telle qu'on l'observe encore
aujourd'hui. Tandis qu'en France, il n'a été qu'une transition, qu'un acheminement à un ordre de choses plus en
harmonie avec la situation géographique, la nature du
climat, le caractère national des peuples de cette partie de
l'Europe.

D'après le témoignage même de John Briggs, il est
facile de comprendre que les commandants ou gouverneurs
de districts, en guerre avec leur souverain, ne parvenaient
à se faire adopter par le peuple et à fonder leur indépendance qu'en respectant et en maintenant les usages et les
institutions du pays ; que la moindre tentative de changement de leur part devait leur être funeste et nuire à leur
ambition. C'est ce qui expliquerait comment l'antique
organisation du village indien a pu parvenir jusqu'à nous,
sans éprouver la moindre altération. Le taux de la redevance était peut-être modifié ; mais le mode de possession
des terres a dû continuer évidemment à reposer sur la
même base, la communauté.

Remarquons, d'ailleurs, que l'institution dont il s'agit

_____

(1) *Essais sur l'histoire de France*, par M. Guizot, p. 138.

(2) John Briggs, d'après le colonel Tod, auteur d'une histoire du
Rajpoothana, et ce dernier, d'après Strabon, sont d'opinion que longtemps
avant l'invasion mahométane et subséquemment aux premiers établissements faits par les hindous, le nord de l'Inde était fréquemment envahi
par des hordes de Scythes venant du nord-ouest ; (John Briggs, p. 82).

Ce fut probablement à l'occasion de ces irruptions que la forme essentiellement civile de l'ancien gouvernement hindou se modifia. La défense
du pays, la nécessité de se mettre à l'abri des déprédations, des maux causés
par les agresseurs durent faire sentir le besoin d'une constitution plus
fortie, plus indépendante et, par suite, donner naissance au régime de la
féodalité militairement organisée.

a laissé des traces sur tout le continent, depuis Ceylan jusqu'au royaume de Cachemire (1), assertion que confirme le rapport sur Anantpoor, fait, le 15 mai 1806, par le lieutenant-colonel Munro et rapporté en note par le major Wilks (2).

« Chaque village, y est-il dit, avec ses douze *Ayangadis*, « comme on les nomme, est une sorte de petite républi- « que ayant pour chef le *Potail*; et l'Inde est une réunion « de semblables républiques. Les habitants, pendant la « guerre, ne considèrent absolument que leur potail. Ils « ne se mettent pas en peine des renversements et des « brisements du royaume : tant que le village demeure « entier, ils ne s'inquiètent point à quel pouvoir il appar- « tient ; en quelques mains qu'il passe, l'économie inté- « rieure n'en demeure pas moins invariable. Le potail « fonctionne encore, comme collecteur, comme magis- « trat et comme principal fermier. Depuis le siècle de « Manou jusqu'à ce jour, les affaires ont toujours été « réglées de concert avec les potails ou par leur intermé- « diaire. »

La conclusion qui termine l'extrait qu'on vient de lire est formelle. Déduite par le major Wilks dont l'opinion, conforme à celle du colonel John Briggs, tendrait à établir que l'existence de la propriété privée du sol, dans l'Inde, est un fait résultant des institutions et des us et coutumes du pays, elle n'en est que plus grave. Il importe donc qu'on ne la perde pas de vue.

Or, voici les conséquences que nous en déduisons :

L'ignorance où l'on est de l'époque précise à laquelle l'autorité des seigneurs suzerains se substitua à celle des rajas ou monarques indigènes, ne saurait atténuer en rien la réalisation du fait que tous les historiens s'accordent à reconnaître comme accompli longtemps avant les conquêtes musulmanes, limite que nous croyons devoir reculer encore, d'après les études auxquelles nous nous sommes livré.

---

(1) John Briggs, p. 137.
(2) Wilks, p. 121, note.

En effet, M. Campbell, auteur d'une petite brochure imprimée à Madras, en 1834, sous le titre de *A paper on the landed tenures of India*, » déclare, page 5, que la non-existence des communautés de villages, dans le Canara et le Malabar, sur la côte occidentale du continent, fait de ces deux pays une exception à la règle générale, déduction inadmissible dans l'acception rigoureuse des termes qui la consacrent; car, de ce que l'état actuel des choses ne révèle point l'existence des communautés de villages dans les contrées, précitées il ne nous semble pas logique de conclure qu'il en a toujours été de même, à toutes les époques. Nous croyons que le fait signalé par Campbell, loin de détruire notre opinion, pourrait servir, au contraire, à la confirmer en tous points, et voici comment.

Il n'est plus permis de révoquer en doute que la monarchie a été la plus ancienne de toutes les formes de gouvernement adoptées par les peuples les premiers civilisés de la terre. En effet, dans l'enfance des sociétés, le gouvernement de la famille dut servir de type au gouvernement de l'Etat et l'autorité d'un souverain sur son peuple, paraître tout aussi naturelle que celle d'un père sur sa famille. Or, la féodalité née de la rivalité de la lutte, de l'affranchissement d'hommes riches et puissants se reconnaissant capables de vaincre mutuellement et impliquant, par conséquent, une division dans le gouvernement du pays, division que l'on peut considérer comme un pas plutôt progressif que rétrograde vers la liberté, la féodalité, disons-nous, loin d'avoir précédé le régime monarchique, a dû, au contraire, y succéder dans l'Inde.

Cela posé, la seule conséquence à tirer de la non-existence des communautés de villages, dans le Canara et le Malabar, serait que l'esprit de révolte contre l'autorité monarchique s'y étant introduit plus tôt que partout ailleurs, l'établissement du régime féodal y daterait aussi de plus loin. Un fait qui le confirmerait, selon nous, c'est que l'esclavage des cultivateurs, plus enraciné que dans les autres provinces, par la raison qu'il s'appuierait sur des traditions immémoriales, s'y est maintenu, malgré même le changement de gouvernement occasionné par les conquêtes musulmanes.

L'abbé Dubois, en parlant de la côte malabare s'exprime ainsi:

« Chaque propriétaire foncier dans ce pays, a son habi-
« tation isolée, bâtie au milieu de ses domaines, et dans
« laquelle il est environné de sa peuplade d'esclaves pariahs
« qui lui sont extrêmement soumis. Quelques habitants en
« ont plus de cent à leur service. Ils les traitent, en géné-
« ral, fort humainement; ne leur imposent de l'ouvrage que
« selon leur âge et leurs forces; les nourissent du même
« riz qu'eux; les marient lorsqu'ils en ont l'âge et donnent,
« tous les ans, aux femmes, pour se vêtir, un morceau de
« toile de sept à huit coudées, et, aux hommes, un cam-
« bily ou couverture grossière de laine (1). »

Dans les contrées du nord situées entre les montagnes de l'Himalaya, le golfe de Katch et les bouches du Gange, territoire occupé par les Hindous du siècle de Manou (2) et où, par conséquent, les institutions, les lois, les mœurs locales plus religieusement et plus fidèlement conservées, durent longtemps s'opposer au renversement de la forme primitive du gouvernement du pays, l'existence de fiefs à tenure militaire y a laissé des traces tellement profondes que la domination anglaise n'y a encore pu causer aucune altération. En effet, le Rajasthan et l'empire Marratte, feudatairement constitués dès l'antiquité la plus reculée, se gouverneraient encore aujourd'hui, comme par le passé.

Ailleurs, sur la côte d'Orissa, l'on trouva, dit John Briggs, les terres morcelées et occupées par des chefs militaires qui, après s'être affranchis de l'autorité du souverain dont ils tenaient ces terres, les auraient érigées en fiefs, circonstance qui porterait l'auteur cité à considérer ces chefs militaires comme de véritables seigneurs suzerains (3).

---

(1) *Mœurs, Institutions et cérémonies* de l'Inde, par M. l'abbé Dubois, tome I, p. 62.

(2) John Briggs, p. 82.

(3) *Idem*, pp. 68, 95 et 223.

Il est inutile, nous le pensons, de multiplier les exemples, pour arriver à démontrer que le régime féodal, militairement organisé, fut l'une des principales phases que la société hindoue eut à subir, avant l'avènement des conquêtes musulmanes dans l'Inde, et que ce changement dans le mode de gouvernement, originairement monarchique, n'affecta pas le système de possession territoriale, ni les règles de perception en vigueur jusqu'alors, système et règles qui, d'après les documents officiels publiés par le gouvernement britannique, continuèrent et continuent encore, sauf quelques légères modifications, à recevoir leur application (1).

Ces points établis, nous nous demandons si l'institution de la propriété privée telle qu'elle existe aujourd'hui en France, peut se concevoir, sous le régime absolu du gouvernement de l'Inde principalement fondé sur la division du peuple en quatre classes, régime, il faut l'avouer, qui pouvait très-bien se concilier (2) avec le respect des traditions et le maintien des usages subsistant de temps immémorial, mais qui, assurément, ne devait pas permettre d'apporter aucune amélioration à la condition des cultivateurs qu'on s'était habitué à considérer comme suffisamment dédommagés par la protection qu'on leur accordait, qu'on n'inquiétait pas, il est vrai, mais dont on se gardait bien de reconnaître, de préciser et d'étendre les droits, pour ne pas compromettre l'équilibre social.

---

(1) John Briggs, pp. 97, 98 et 99.
Cet auteur ferait remarquer une différence essentielle entre le système féodal du Rajasthan et celui de l'Europe : dans le premier, dit-il, (p. 94) le suzerain hindou quoique subjugué par une autre race de conquérants hindous, n'était pas privé de son ancien droit au sol ; il était soumis à un impôt par le nouveau gouvernement pour contribuer à l'établissement militaire du nouvel état ; mais son territoire était respecté. En Europe, les conquérants s'emparèrent non seulement du sol, mais encore de ses habitants qu'ils firent serfs ou esclaves.
Cette différence suffit pour expliquer le maintien des antiques usages du pays, malgré le changement opéré dans la forme du gouvernement local.

(2) On a observé que toutes les contrées soumises au régime de la féodalité offraient généralement des traces de pur gouvernement hindou, observation qui nous confirmerait dans l'opinion déjà émise par nous que le régime féodal dans l'Inde a succédé à la monarchie.

Tout concourait donc, aux temps auxquels nous nous reportons, à rendre impossible, dans l'Inde, l'organisation de la propriété exclusive du sol.

Examinons s'il en fut autrement dans le nouvel ordre de choses créé par la domination musulmane.

Domination musulmane.

Nous abordons, ici, une série de faits qui ne laissent pas que d'être importants, mais dont l'appréciation est d'autant plus facile que l'époque à laquelle ils appartiennent est plus près de nous. Nous voulons parler de la conquête de l'Inde par les musulmans qui s'y établirent du XIe au XIVe siècle. Cette conquête eut le même caractère que celle des Gaulois par les Francs, ou de l'Angleterre par les Normands. Les vainqueurs s'emparèrent du sol dont ils se déclarèrent propriétaires, soumirent tous les Radjas, tous les petits princes du pays, à leur suzeraineté, et exigèrent l'impôt, en l'augmentant d'une manière si extraordinaire et si vexatoire, qu'une révolution, grave dans ses résultats, en fut la suite et porta une atteinte mortelle à l'existence du gouvernemeut hindou dont elle ébranla la base qu'elle affranchit de ses antiques liens.

Promoteurs de la fameuse maxime que la propriété exclusive du sol appartient à l'Etat, tous leurs efforts ne tendirent qu'à la mettre en pratique, six siècles durant. Entraînés par le succès de leurs entreprises guerrières, succès que facilitait le caractère généralement doux et pacifique des Hindous, ils marchèrent de conquêtes en conquêtes, mettant tout à feu et à sang sous leurs pas, dévastant les campagnes, dépeuplant les villes et se croyant tout permis, jusqu'aux cruautés et aux déprédations les plus sanguinaires, pour accomplir la mission religieuse, qu'ils s'étaient gratuitement donnée, de convertir le genre humain au culte de Mahomet, leur prophète ! Rien ne put donc les arrêter dans leur œuvre de destruction et de conversion à la foi nouvelle. Le glaive, symbole vivant des vrais croyants, nivela tout du couchant à l'orient. Priviléges de castes, prérogatives nobiliaires, aristocratie de fortune, suprématie intellectuelle, influence religieuse, traditions du passé, enseignements du présent, hommes et choses, roulèrent, pêle-mêle, au fond du gouffre dans lequel les nouveaux maîtres de l'Asie voulaient engloutir la vieille société hindoue ! Mais la proie était trop belle et les ravisseurs indignes de la posséder !... La Providence, sans doute, veillait dessus ; car, tout ne périt pas dans le cataclysme universel qui devait tout emporter, et l'Inde fut sauvée, grâce à son inépuisable fécondité !

« La nature reconnaissante, dit M. Michelet, a doué « l'Inde d'un autre don admirable, la fécondité. Entourée « par elle de tendresse et de respect, elle lui a multiplié, « avec l'animal, la source de vie où la terre se renouvelle. « Là, jamais d'épuisement. Tant de guerres, tant de dé- « sastres et de servitude, n'ont pu tarir la mamelle de la « vache sacrée. Un fleuve de lait coule toujours pour cette « terre bénie...., bénie de sa propre bonté, de ses doux « ménagements pour la créature inférieure (1). »

Quelques mots sur l'ensemble des résultats qu'a pro- duits la domination musulmane, dans l'Inde, en ce qui concerne particulièrement la question de la propriété ex- clusive du sol.

Les premiers qui souffrirent des violences et des frois- sements inséparables de toute usurpation de pays ou de pouvoir, furent les brahmanes, les kchatriyas et les vaisyas, c'est-à-dire, les classes supérieures et les classes moyen- nes, dont les privilèges, les prérogatives et la fortune durent exciter la jalousie et la convoitise des conquérants. Dépouillées, les unes et les autres, des avantages dont elles jouissaient sous le gouvernement déchu, elles furent bientôt réduites à subir un sort que leurs principes, leurs croyances et les traditions qu'elles avaient conservées ne leur permettaient point de partager. Les inégalités sociales inhérentes à la constitution de la société hindoue, une fois détruites, brahmanes, kchatryas, vaisyas et soudras ne pe- sèrent plus que du même poids dans la balance des secta- teurs de Mahomet. Les frais de la guerre, l'occasion de s'enrichir, l'extrême fertilité des terres, leur facile exploi- tation, l'apathie du peuple, l'impossibilité d'un gouver-

---

(1) Le peuple, par M. Michelet, chap. 6 de la 2e partie, p. 181.

nement dont l'unité et la force ne reposaient que sur une foi religieuse aux traditions du passé, qui impliquent l'immutabilité comme moyen essentiel de conservation, telles furent les causes qui contribuèrent à une élévation spontanée et accablante de l'impôt territorial, seule branche fournissant à la richesse publique du pays. Tous la subirent indistinctement, grands et petits, pauvres et riches; car il fallut de l'argent à tout prix. Vaines furent les réclamations de ceux qui se crurent en droit d'en faire. Leur qualité d'infidèles (zimmy) qu'aggravaient encore leur attachement à l'antique foi de leurs pères et le mépris qu'ils éprouvaient pour le dogme nouveau, n'étaient pas de nature à leur concilier les faveurs d'un pouvoir dont le fanatisme religieux, poussé à l'excès, guidait seul tous les actes.

Or, d'après le Coran, les mahométans, en entrant sur une terre étrangère, doivent inviter les habitants à embrasser le mahométisme. Si ceux-ci obtempèrent, la guerre ne leur sera pas déclarée. S'ils refusent, ils doivent être contraints à payer le khiraj (taxe des infidèles) et traités comme des mahométans, s'ils consentent à le payer (1).

Aucun doute n'étant permis sur la rigoureuse application, qu'on a dû faire aux Hindous, des dispositions rappelées ci-dessus, il est évident que le khiraj fut le seul impôt exigible, et la preuve c'est que les cultivateurs le payèrent. Car, depuis la chûte des radjas ou monarques hindous et plus particulièrement du temps des musulmans, le taux de la redevance a toujours été, dans l'Inde, plutôt supérieur qu'inférieur à la moitié du produit, quelquefois net, plus souvent brut, de la terre. Sous Allah-ud-Din, et Aurengzeb, qui régnèrent, le premier de 1294 à 1315, et le second de 1659 à 1707, il était de la moitié. En y ajoutant le montant des divers droits extraordinaires que supportait le cultivateur, on approcherait bien près des trois quarts.

Anquetil Duperron, dans sa *Description historique et géographique de l'Inde*, tome II page 233, établit, comme suit, la proportion généralement suivie entre la part du laboureur, propriétaire ou fermier, et celle du gouvernement.

---

(1) John Briggs, p. 110.

« Celui-ci, dit-il, sur cinq parts du produit des terres,
« en prend trois, ou 60 pour cent, au plus 70. Les deux
« parts restantes, ou 40 pour cent, sont au cultivateur qui
« paye, avec ce revenu, ses serviteurs, ses journaliers,
« nourrit sa famille et ensemence son champ. Le gouver-
« nement perçoit sa part en nature, ou sur le terrain
« même, ou dans le grenier du laboureur, quand le grain
« est battu. Elle se porte dans les greniers publics, bâti-
« ments considérables construits pour cet effet.

« Lorsque cette proportion s'observe exactement, le
« cultivateur vit à l'aise et même s'enrichit : un champ
« dont la récolte produit mille roupies (2,500 livres), lui
« donne 400 roupies (1,000 livres). Malheureusement, dans
« l'Inde, comme ailleurs, l'avidité fait souvent que la part
« du cercar (gouvernement) passe 60 pour cent, et que
« cette part abandonnée à des sous-fermiers, qui s'enga-
« gent à payer en argent, est une source de vexations
« exercées par ces sangsues contre le simple propriétaire. »

« Enfin, l'impôt foncier, observe John Briggs, page 240,
« était si excessif, dans les environs de Madras, que, lors-
« qu'en 1780, le collecteur proposa de le modifier et de
« l'égaliser, en attribuant la moitié du produit brut au
« gouvernement, les cultivateurs y adhérèrent avec joie.
« Il fut néanmoins stipulé que les payements n'auraient
« plus lieu en nature, comme par le passé, et que les cul-
« tivateurs payeraient une somme d'argent égale à la
» valeur (à cette époque) de la moitié d'une récolte de
« riz. »

Indubitablement, la part du fisc, sous la domination
musulmane, ne fût-elle que de 60 p. o/o, était exorbi-
tante, comparativement au quantum fixé par les lois
hindoues, lequel ne devait être que du sixième, d'après
le digeste, où il est dit qu'il sera alloué un sixième au
souverain, un douzième aux brahmanes, un trentième
aux dieux, et le reste au détenteur du sol (1).

---

(1) Major Wilks, p. 153 et 154.
« En 1702 un brahme du Tanjore déclare que tout le revenu des terres
« de cet (État) est divisé en quatre parties : une partie appartient aux
« brahmes; une partie aux pagodes (c'est encore affectée) au culte qu'on
« y rend aux dieux; une partie aux citoyens; et une partie au Roi. Ce

En faisant connaître cette distribution, le major Wilks rappelle que sur trente parts, quinze étaient destinées aux frais de culture et à l'entretien du laboureur, les 15 autres réparties comme je viens de le dire, entre le souverain, les brahmanes, les pagodes et le possesseur du sol qui recevaient, savoir :

Le souverain 1/6 ou................ 5 parts.
Les brahmanes 1/12 ou............. 1 part 1/2.
Les pagodes 1/30 ou............... 1 part.
Le possesseur du sol 1/4 ou........ 7 part 1/2.

$$\text{Total}\dots\ \overline{15}\ \text{parts.}$$

D'après John Briggs et le major Wilks, ce fut sous le règne de Harrihour-Roy, l'un des premiers rois de la dynastie pandienne de Madura, que le rendement qui avait été toujours évalué en nature, le fut en argent, conversion qui produisit une augmentation de redevance de 20 p. o/o, les trois kattahs de terre, pour lesquels on payait jadis une pagode Ghetti, ayant été réduits à deux et demi (1).

La répartition que John Briggs fait des 30 parts de revenu diffère un peu de celle donnée par le major Wilks. Ainsi, après avoir alloué une moitié au cultivateur, l'autre moitié, il la divise en trois parts et en affecte une au souverain, une demie au culte, et une et demie au possesseur du sol, confondant, ainsi, en une seule les deux portions nommément destinées aux brahmanes et aux temples.

Sous le même règne, la part afférente aux brahmanes et aux pagodes fut attribuée à l'Etat qui se chargea de pourvoir à l'entretien du culte, ce qui porta l'impôt foncier au quart du produit du sol.

Pour compléter l'échelle progressive que, sous le gouvernement hindou, suivit la fixation de la redevance, nous ajouterons, d'après John Briggs (2), qu'à Bedenore l'impôt

---

« (prince) ne peut pas prendre la première partie; les autres en souffriraien^t
« toutes. Les habitants ne consentiraient pas qu'il raccourcît la seconde
« (*Description historique et géographique de l'Inde*, par Anquetil Du-
« perron, tom. II, p. 242).
(1) John Briggs, p. 61 et 62 Major Wilks, p. 254.
(2) John Briggs, p. 64.

foncier fut augmenté de 10 p. o/o, augmentation qui dut nécessairement influer sur la part du détenteur du sol, auquel il ne resta plus que 4 parts 1/2 sur les 7 et demie qu'il recevait précédemment. Accrue de 10 p. o/o, celle du souverain s'éleva donc à 30 1/2 p. o/o du produit du sol calculé en argent, taxe qui ne varia plus et que les musulmans durent trouver établie à leur avènement dans l'Inde. Mais, dès qu'ils en eurent pris possession, l'augmentation de l'impôt foncier fut, comme on le sait, l'un des premiers actes qui signalèrent leur tyrannique administration. En droit d'exiger le khiraj, taxe arbitraire, levée en temps de guerre, ils le firent d'une manière si brutale et si nuisible à l'agriculture, qu'ils la ruinèrent complètement. L'affranchissement des cultivateurs, qui en fut la suite immédiate, porta une atteinte mortelle à l'exploitation agricole. Les riches tenanciers disparurent. « L'étendue des terres possédées « à titre de propriété réelle, dit John Briggs, et dont une « grande partie fut abandonnée, le propriétaire lui-même « n'ayant plus les moyens de les cultiver, eu égard à l'é- « normité de l'impôt, diminua, et celles qui furent aban- « données, passèrent, graduellement, des mains du te- « nancier originaire dans celles de l'Etat (1). »

Les souverains musulmans, en s'attribuant la propriété de ces terres, durent évidemment se réserver aussi la portion de revenu (4 parts et demie sur trente) qui, sous le gouvernement hindou, appartenait au possesseur du sol. De 30 1/2 p. o/o, l'impôt foncier s'éleva, ainsi, à 50 p. o/o, taxe que les Anglais eux-mêmes avaient d'abord maintenue dans presque toutes leurs possessions, mais qu'ils réduisirent ensuite, dans plusieurs localités, l'expérience leur ayant démontré qu'en y persévérant, ils se seraient probablement exposés à ruiner les cultivateurs et à tarir, peut-être, l'une des sources les plus fécondes du revenu public.

Nous remarquons que ce qui rendait l'impôt de 50 p. o/o injuste et arbitraire, c'est qu'on y avait indistinctement soumis et les terres arrosées par les rivières et celles

---

(1) John Briggs, p. 131 et 132.

qui ne l'étaient que par des moyens artificiels, confusion d'autant plus regrettable, qu'on ne s'en aperçut que quand il n'en était plus temps, alors que le grand nombre de terres laissées incultes et abandonnées attestait l'appauvrissement et la misère du pays. On y remédia, toutefois, sous le gouvernement anglais, en abaissant, partout où cela fut reconnu nécessaire, à 45, à 40 et même à 30 p. o/o du produit brut (1), la redevance due pour des terres dont l'irrigation exigeait plus ou moins de frais. Quant à celles arrosées directement par des rivières, elles continuèrent à payer 50 p. o/o de leur rendement, comme sous le gouvernement hindou, toutes les fois qu'il s'agissait de terres appartenant à l'État.

Les Musulmans, d'après la maxime qu'ils adoptèrent dans l'Inde, que toutes les terres du royaume sont la propriété exclusive du souverain, s'étant réservé ce qui, sous le gouvernement hindou, avait toujours été considéré comme constituant la part du détenteur du sol, il n'y eut plus, dès lors, que des cultivateurs payant l'impôt perçu par l'État ou ses représentants (2). Dès lors, aussi, on ne fit plus, légalement parlant, aucune distinction réelle entre les droits créés par une longue possession et ceux acquis par une possession précaire et récente. De simples laboureurs furent admis à cultiver, pour leur propre compte, au même titre et avec les mêmes avantages que les anciens possesseurs, des terres que, naguère, ils exploitaient, moyennant salaire. Quelque étendues, quelque bien fondées que fussent les prétentions déjà anciennes, elles durent donc toutes s'évanouir, en présence d'un système d'imposition dont l'existence seule implique la négation de la propriété absolue, exclusive et incommutable du sol, caractères que n'a jamais eus et n'a pu avoir, selon nous, la possession quelque longue, quelque immémoriale qu'elle fût, des cultivateurs hindous sous leur propre gouvernement.

En effet, ces possesseurs, soi-disant propriétaires, dé-

<hr>

(1) John Briggs, p. 389.
(2) D. Campbell, a paper on the landed tenures in India, p. 62.

pouillés d'abord de la part que les usages du pays leur attribuaient sur le produit brut des terres dont ils auraient eu la libre disposition, et réduits, ensuite, à partager avec le laboureur, non seulement, le fruit de leur travail et de leur industrie, mais aussi leurs capitaux, purent-ils longtemps résister à un régime subversif de tous les droits et on ne peut plus nuisible à leurs intérêts? Si les plus riches parvinrent à se maintenir encore, ce fut sans doute pour disparaître bientôt; car l'acquisition de biens fonds, devenue plus onéreuse que lucrative, dut se restreindre considérablement et entraîner les grands capitalistes, désireux d'employer leur argent plus avantageusement, à renoncer forcément à l'exploitation agricole comme n'offrant plus aucune chance de profit.

Ainsi s'accomplit cette révolution étonnante dont nous avons déjà indiqué la cause et qui, par suite même des maux qu'elle produisit, contribua d'une manière si extra-ordinaire à affranchir les serfs, les esclaves attachés à la glèbe et à rendre surtout la possession et la jouissance du sol accessible aux plus humbles laboureurs, comme aux plus riches tenanciers.

La tyrannie, le despotisme et les longues exactions du gouvernement musulman auraient eu donc pour effet d'anéantir, dans l'Inde, tout droit de propriété, en admettant que ce droit existât sous le gouvernement hindou, au point d'en effacer les moindres vestiges, opinion à l'appui de laquelle nous invoquerons celle de John Briggs lui-même, qui remarque « qu'en 1646, les différends « existant entre les gouverneurs hindous, longtemps après « le démembrement du royaume de Vijayanagar, ame- « nèrent deux armées musulmanes dans le pays nommé, « par nous, le Carnatic (1). Les musulmans prirent pos- « session des forts de Chandergiry et de Vellore, et par l'é- « tablissement de leur domination, contribuèrent, comme « partout ailleurs, à détruire avec un tel succès, la valeur « de la propriété foncière qu'il est devenu difficile de re- « trouver, maintenant, les traces de son existence (2). »

---

(1) Les anglais nomment ainsi, sur leurs cartes, le littoral compris entre Vellore, dans le nord, et Trichinapally, au sud, ce qui embrasse toute la côte Coromandel où est situé Pondichéry.

(2) John Briggs, p. 65.

Ailleurs, le même auteur (1), en parlant des possessions
du nizam où il a longtemps séjourné, reconnaît que
« malgré les exactions des mahométans, les fonctionnaires
» hindous du pays ont été partout conservés, que les terres
« attachées à leurs fonctions et les émoluments de leurs
« emplois sont vendables ; mais que le poids de l'impôt
« sur les terres des particuliers s'oppose à l'existence de la
« propriété réelle. »

De semblables aveux méritent d'autant plus d'être pris
en sérieuse considération, qu'ils émanent d'un écrivain
dont tout l'ouvrage n'est qu'un long plaidoyer en faveur
de l'existence de la propriété exclusive du sol dans l'Inde.

Or, en admettant que le droit de propriété exclusive
eut existé sous le gouvernement hindou, ce que nous re-
poussons de la manière la plus formelle, il n'en est pas
moins vrai que la domination musulmane, loin d'y avoir
été favorable, n'aurait abouti, au contraire, qu'à sa complète destruction, particulièrement dans le Carnatic dont
Pondichéry fait partie, ainsi que dans le Deccan (2), territoire contigu à celui du Carnatic.

Mais, quelque chose de bien plus explicite encore, c'est
l'avis du colonel Thomas Munro, depuis gouverneur de
Madras, rapporté par le major Wilks (3) et John Briggs (4),
qui n'ont eu à y opposer, ce dernier surtout, que des
arguments si faibles qu'ils ne détruisent nullement les
faits constatés par leur adversaire.

« Dans les « Ceded districts » et dans le Deccan, dit le
« colonel Munro, le Ryot (5), a peu ou point de droit de
« propriété sur le sol ; il n'a aucun droit de possession ;
« il n'en réclame même pas. Il est si loin d'établir un droit
« de propriété ou de possession, qu'il est toujours prêt à
« abandonner sa terre pour en prendre une autre qu'il sup-
« pose être plus légèrement taxée. »

---

(1) John Briggs, p. 75.
(2) Le Deccan comprend les pays situés entre le Nerbudda et le
Krichna et par conséquent, les possessions du Nizam.
(3) Major Wilks, p. 210 et 211.
(4) John Briggs, p. 266 et 392.
(5) Cultivateur.

Rien ne dépeint, ne précise mieux la condition actuelle du cultivateur hindou que cette dernière réflexion du colonel Munro. Il est vrai de dire que six siècles d'anarchie et de guerre y ont contribué. Nous ne le nions pas. Mais cela n'empêche pas qu'il faille remonter à une époque antérieure à la domination musulmane, pour retrouver les traces, si toutefois elles ont pu exister, de la propriété exclusive du sol attribuée au cultivateur hindou. C'est à quoi l'on est réduit pourtant, d'après les documents fournis par Wilks et John Briggs eux-mêmes et à l'aide desquels nous croyons avoir établi que depuis que les musulmans ont conquis l'Inde, les cultivateurs hindous n'ont jamais eu la libre disposition du sol qu'ils exploitent, et que leur droit s'est toujours borné à une jouissance plus ou moins lucrative du produit qu'ils en retirent, restricsions, qui selon nous, excluent toute idée de propriété abtolue, exclusive et incommutable du fonds.

Parmi les causes qui contribuèrent le plus à l'exagération de l'impôt foncier et aux déplorables conséquences qui en furent la suite, il faut comprendre le mode particulier de perception adopté par le gouvernement musulman et qui fut tel que le système d'administration financière hindoue en reçut une grave atteinte.

Nous avons déjà expliqué la constitution du village indien. Inutile, donc, d'y revenir. Mais, tout en la maintenant dans sa forme primitive, les musulmans jugèrent utile d'y adapter un rouage qui aida, plus puissamment peut-être que le poids de l'impôt, à la ruine complète des droits nés de la jouissance immémoriale du sol. Nous voulons parler de la ferme générale qu'ils furent les premiers à appliquer dans l'Inde (1). Ce nouveau mode de perception, opposé à toutes les règles en vigueur chez les Hindous, donnant lieu aux abus de pouvoir les plus nuisibles aux cultivateurs et conservé par les Anglais qui le qualifièrent de système Zamindary, voici en quoi il consistait. La terre était affermée par le souverain, soit par provinces à un Divan, soit (et c'était le cas le plus fréquent) par dis-

____

(1) Histoire de la conquête et de la fondation de l'empire anglais, dans l'Inde, par Barchou de Penhoën, tom. IV, p. 15 et 16.

tricts, à des zamindars, qui touchaient environ dix pour
cent de commission ; et ce système de perception s'appe-
lait zamindary (1).

Il résulte d'une foule de documents authentiques que
les premiers zamindars ou fermiers généraux, furent les
dès-adhikars du gouvernement hindou, fonctionnaires
dont nous avons déjà fait connaître les attributions qui
étaient de percevoir les revenus au nom du souverain,
d'administrer les affaires du village, de juger les réclamations et les contestations des cultivateurs et de faire la police, assistés d'un comptable public (Dès-lékhak), et moyennant une remise plus ou moins forte, sur la collecte du
district. La transformation, d'ailleurs, était trop facile
pour qu'elle n'eût pas eu lieu. En effet, chargés pour ainsi
dire, d'une recette générale, rendue héréditaire dans la famille (2), les dès-adhikars devaient être des chefs puissants,
capables et en position d'exercer une grande influence sur
la portion de territoire soumise à leur autorité. Leur concours, par conséquent, dut paraître utile et même nécessaire aux musulmans qui se les attachèrent, en leur assurant
des avantages dont ils n'avaient jamais joui sous le gouvernement déchu. Aussi, l'assimilation ne fut-elle pas
complète. La répartition de l'impôt faite, jadis, par les
chefs cultivateurs, ne concernait pas les dès-adhikars qui
ne pouvaient nullement s'y immiscer. Tandis que les
zamindars, en leur qualité de fermiers généraux et seuls
responsables du recouvrement des deniers publics, eurent
le droit de fixer, à leur gré, la quote-part à payer par
chaque cultivateur, distinction importante dont nous
ferons ressortir les conséquences plus tard.

« Il paraît probable, dit John Briggs (page 136), que
« le gouvernement ayant fixé au quart ou au tiers de
« la récolte l'impôt public dû par le cultivateur, taxa
« chaque district à une somme d'argent supposée être

---

(1) L'Inde anglaise en 1843, par le comte Édouard de Warren, tom.
2, p. 159.

(1) John Briggs, en parlant des Zamindars, p. 135, dit :
This appellation was more particularly used in Bengal towards the dès
adhikars, or hereditary district officers. »

« l'équivalent de cette portion du produit et laissa aux
« zamindars à répartir et à réaliser la taxe. Que l'impôt
« du gouvernement ait été toujours restreint à sa due
« portion ou que les zamindars ne l'aient jamais excédé
« en y soumettant les détenteurs du sol, c'est ce qui
« paraît très-improbable. »

Malheureusement oui, les faits et de nombreux témoignages historiques le prouvent.

Mais, pour le moment, n'ayant voulu qu'indiquer l'origine du système zamindary que nous attribuons aux musulmans, nous ne nous livrerons à aucun des développements qu'il comporte, d'autant plus qu'il faut que nous y revenions, en parlant des Anglais dont nous allons esquisser le pouvoir dans l'Inde.

Administration anglaise.

Jusqu'ici, nous n'avons eu à nous occuper que des hommes et des choses d'un passé déjà loin de nous. Notre tâche, quoique difficile, ne nous a pas paru insurmontable. Aussi, nous sommes-nous efforcé à y satisfaire. Mais les faits que nous allons aborder présentent un intérêt d'actualité tel qu'il éveille toutes nos craintes, toutes nos défiances. Nous placerons-nous au point de vue convenable pour les apprécier d'une manière, non-seulement conforme à la vérité historique, mais encore utile à la solution du problème que nous poursuivons ? Ferons-nous une part équitable des évènements et des causes qui les produisirent ? de l'intention et de la conduite des hommes remarquables qui furent appelés à les dominer ? C'est ce que l'on jugera.

Dans la rélation de son voyage, intitulée : *Voyage dans l'Inde et dans le Golfe Persique, par l'Egipte et la mer Rouge*, ouvrage dont l'auteur revêtu, d'ailleurs, d'un caractère officiel, savait, qu'en le publiant, il ne manquerait pas d'être lu par ceux-là même à qui il était plus particulièrement adressé, nous remarquons ces lignes. :

« Si nous lisons les traités (1) dont je donne une partie à

---

(1) Entr'autres, celui de Paris, du 30 mai 1814 dont l'auteur rapporte l'article 12 ainsi conçu :

« la fin de ce livre, nous verrons qu'ils (les Anglais) nous
« considèrent, dans l'Inde bien plus comme usufruitiers
« que comme propriétaires. Nous n'avons pas droit de
« garder nos possessions nous-mêmes, l'Angleterre nous
« en garantit la jouissance. Nous ne pouvons avoir ni rem-
« parts, ni munitions, ni soldats ; je sais positivement que
« le cas de guerre même est prévu, et que, si elle éclate,
« nous devons être prêts à plier bagage et à partir confor-
« mément à des stipulations convenues. Pour assurer
« l'exécution de ces traités, il y avait dans le principe un
« résident anglais à Pondichéry, tout comme s'il se fût
« agi du rajah de Travancore, et je ne veux pas laisser
« ignorer que ce fut M. Desbasayns qui fit cesser un tel
« scandale, en obligeant ce résident à quitter notre terri-
« toire. S'il n'est plus établi chez nous, il n'existe pas
« moins, je le sais, dans la personne du collecteur de
« Cuddalore qui se trouve placé entre nos possessions de
« Karikal et de Pondichéry. J'ai une lettre par laquelle ce
« fonctionnaire me dit être chargé de la surveillance de
« nos Établissements. On ne peut penser, d'ailleurs, que
« les Anglais soient disposés à laisser tomber le traité en
« désuétude, si l'on se rappelle ce qui eut lieu lors du
« siège d'Anvers. Nous arrêtâmes alors, comme on sait,
« les navires hollandais, et le Gouverneur de Pondichéry,
« M. De Melay, craignit ou feignit de craindre une expé-
« dition qui viendrait l'attaquer de Batavia. Il annonça
« son intention de faire entrer de l'artillerie à Pondichéry,
« pour se mettre à l'abri d'un coup de main ; mais les

« Sa Majesté Britannique s'engage à faire jouir les sujets de sa Majesté
« très chrétienne, relativement au commerce et à la sûreté de leurs per-
« sonnes et propriétés, dans les limites de la souveraineté britannique sur
« le continent des Indes, des mêmes facilités, privilèges et protection qui
« sont à présent ou seront accordés, aux nations les plus favorisées. De
« son côté, sa Majesté, très chrétienne n'ayant rien plus à cœur que la
« perpétuité de la paix entre les deux couronnes de France et d'Angleterre
« et voulant contribuer autant qu'il est en elle, à écarter, dès à présent, des
« rapports de deux peuples, ce qui pourrait un jour altérer la bonne in-
« telligence mutuelle, s'engage à ne faire aucun ouvrage de fortifications,
« dans les Établissements qui doivent lui être restitués et qui sont dans
« les limites de la souveraineté Britannique, dans le continent des Indes et
« à ne mettre, dans ces Établissements, que le nombre de troupes néces-
« saires pour le maintien de la police. »

(46)

« Anglais s'y opposèrent: ils dirent que la défense du pays
« n'appartenait pas aux Français, mais à eux (1). »

Nous n'hésitons pas à repousser de toutes nos forces,
comme erronée et contraire à tous les principes de droit
public et de droit international, l'opinion de M. Fontanier, tendant à établir que les Anglais nous considèrent,
dans l'Inde, bien plus comme usufruitiers que comme
propriétaires, et que la défense du pays ne nous appartient
pas, mais à eux, hérésie monstrueuse contre laquelle nous
protestons au nom et dans l'intérêt de tous.

En effet, examinons bien qu'elle est la vraie nature de
l'occupation anglaise et française, dans l'Inde. Nous ne
pouvons mieux la comparer qu'à celle de l'Algérie par la
France, ainsi définie par M. de Tocqueville, dans le rapport fait à la chambre des députés, sur le projet de loi relatif aux crédits extraordinaires demandés pour l'Algérie,
en 1847 (2).

« En conquérant l'Algérie, a dit M. de Tocqueville, nous
« n'avons pas prétendu, comme les barbares qui ont en-
« vahi l'empire romain, nous mettre en possession de la
« terre des vaincus. Nous n'avons eu pour but que de
« nous emparer du gouvernement: la capitulation d'Alger,
« en 1830, a été rédigée d'après ce principe. On nous
« livrait la ville, et, en retour, nous assurions à tous ses
« habitants le maintien de la religion et de la propriété.
« C'est sur le même pied que nous avons traité avec toutes
« les tribus qui se sont soumises. S'en suit-il que nous ne
« puissions nous emparer des terres qui sont nécessaires
« à la colonisation européenne? Non, sans doute; mais
« cela nous oblige étroitement, en justice et en bonne po-
« litique, à indemniser ceux qui les possèdent ou en
« jouissent. »

Or, qu'il s'agisse de l'Algérie ou de l'Inde, les principes
généraux n'en sont pas moins invariables. Toute domination établie en pays civilisés par des peuples civilisés,

(1) Voyage dans l'Inde et dans le golfe persique, par l'Égypte et la mer
Rouge, par M. Fontanier, consul français à Bassora, tom. 3, pp. 229 et 230.

(2) Voir au *Moniteur* universel de mardi 1er juin 1847, l'addition à la
séance du lundi, 22 mai précédent.

diffère, essentiellement, de celle où vainqueurs et vaincus sont des peuples barbares, comme furent les Francs et les Gaulois, les Normands et les Anglais : et de celle où les uns étant des peuples civilisés, les autres seraient des barbares, comme les Romains et les hordes du nord, et vice-versa. Cela posé et alors, surtout, que les premiers établissements des Français et des Anglais, dans l'Inde, n'auraient eu lieu, pour la plupart, qu'à l'aide de concessions de territoire accordées par les princes du pays ou d'acquisitions librement et volontairement consenties, et nullement, comme on l'a souvent prétendu, en vertu du droit de conquête seulement, *il est certain que ni l'Angleterre ni la France n'ont jamais pu et ne pourront jamais, en justice et en bonne politique, prétendre d'une manière absolue à la propriété universelle du sol déjà occupé par les indigènes.* Que disons-nous ? En s'emparant du gouvernement du pays, l'une et l'autre puissance promirent solennellement aux habitants le maintien de la religion, des usages et des institutions locales. Les garanties qu'elles leur donnèrent à cet effet, résultent d'actes ratifiés par leur métropole respective et conservés dans leurs archives. Il est inutile de les rappeler, inutile également d'énumérer toutes les circonstances qui prouvent l'exécution des promesses faites, des garanties données. Ainsi, voyons-nous l'expropriation forcée toujours consommée moyennant indemnité, quelle que soit, d'ailleurs, la nature des rapports liant le sol à ceux qui le possèdent ou en jouissent; le droit de succession au trône respecté et rétabli partout où les Musulmans l'avaient violé ou méconnu, à l'égard, bien entendu, des successeurs légitimes seulement ; les cultes divers protégés ; la division des castes et les principaux usages civils et religieux plus protégés que jamais. Prétendre d'une manière générale et absolue que, lorsque le gouvernement anglais ou français, concède ou afferme des terres, il dispose de ce qui lui appartient, il stipule avec des gents auxquels il donne, c'est se tromper grandement. Aussi, comment convient-il de qualifier le droit que s'est attribué le gouvernement anglais, lorsqu'au lieu de se borner à affermer les revenus d'un village, d'un talouk ou d'un district, il s'est abusé jusqu'à adjuger, en même temps, la propriété des terres composant le village, le talouk ou le district? Tel est pourtant l'injuste fondement du fameux système connu sous le nom de zamindary-rent que l'on trouvera expliqué plus loin.

D'une autre part, si par une augmentation progressive et excessive de l'impôt, les gouvernements qui dominent dans l'Inde forcent les cultivateurs à délaisser les terres qu'ils exploitent, et qu'ensuite on en dispose soit en les concédant, ou en les affermant, cette faculté, qui semble être la conséquence de l'autorité née du droit de conquête, n'est-elle pas un abus de pouvoir? Régir, surveiller, protéger, faire les actes de justice distributive (1), percevoir l'impôt, après l'avoir établi, eu égard aux ressources de chaque pays et dans une proportion plus profitable que nuisible aux cultivateurs, employer, dans l'intérêt général, les espaces de terres incultes et non occupés , c'est à quoi devraient se borner les prérogatives et les avantages que Français et Anglais tiennent de leur occupation. Hors de là, tout ne serait qu'empiètement sur les droits imprescriptibles des Hindous, qu'abus de force d'autant plus déplorables qu'ils auraient pour prétexte la civilisation, la moralisation et l'émancipation de ce peuple.

Qu'on veuille bien se reporter à l'origine de cette occupation : Qu'y voit-on ? Quelques hommes d'élite que les hasards de la fortune jettent sur une côte où ils obtiennent des concessions de terrains pour s'établir et fonder des comptoirs, des factoreries, des établissements de commerce, qu'ils placent sous la protection même des souvrains du pays dont ils reconnaissent, ainsi, le pouvoir. Viennent les jours de prospérité et de grandeur... Les sujets,

______

(1) Proudhon après avoir expliqué les conséquences du droit fictif de propriété nationale, s'exprime en ces termes :

« Quand même la nation serait propriétaire, la génération d'aujourd'hui « peut elle déposséder la génération de demain ? Le peuple possède à titre « d'usufruit ; le Gouvernement régit, surveille, protége, fait les actes de « justice distributive. S'il fait aussi des concessions de terrain, il ne peut « concéder qu'à usage, il n'a droit de vendre, ni d'aliéner quoique ce soit. « N'ayant pas qualité de propriétaire, comment pourrait-il transmettre la « propriété ?» Page 109 du mémoire déjà cité.

(français et anglais ne furent d'abord et long-temps que les sujets des gouvernements natifs) les sujets, disons-nous, finissent par s'affranchir de la protection des maîtres qui, au contraire, se voient réduits à implorer celle des sujets.... Qu'arriva-t-il alors ? Rien qu'un déplacement de pouvoir; le gouvernement passa des mains des indigènes, impuissantes à le manier, à le retenir, dans celles des Européens qui, en s'en emparant, s'engagèrent comme nous l'avons déjà dit, à tout sauvegarder, l'état des personnes comme celui des choses, afin de conserver aux peuples soumis (les principes de civilisation qu'ils professaient les y obligeaient), leur caractère respectif, leur individualité. S il y eut des guerres, ce fut principalement entre les conquérants eux-mêmes, les uns renversant les autres, pour céder la place aux plus forts. Mais, entre Européens et Hindous, elles furent extrêmement rares, la domination des premiers ayant été l'effet des relations d'intérêts que le temps contribuait à resserrer davantage, chaque jour, plutôt que de la conquête. Ce qui est bien différent

Pour ne parler que des Etablissements français de l'Inde, il suffit de lire les délibérations de la Compagnie des Indes orientales séant à Pondichéry, pour se faire une idée de tous les efforts, de tous les sacrifices d'argent que cette Compagnie s'est imposés pour ne pas être inquiétée dans l'occupation de la petite portion de territoire qui lui avait été concédée par le roi de Djingi, sur le littoral de la côte Coromandel et pour mettre, surtout, son commerce et ses marchandises, à l'abri des déprédations des bandes armées qui parcouraient et exploitaient, alors, le pays.

Il est donc certain pour nous, que, ni la France, ni l'Angleterre, en établissant dans ces contrées leur domination, n'eurent jamais la pensée de s'y nationaliser, de *s'approprier le sol*, après en avoir expulsé les Hindous.

Tel étant le véritable caractère de l'occupation, à quoi donc attribuer l'étrange opinion de M. Fontanier, si ce n'est à une déplorable précipitation de jugement dont la dignité nationale a plus souffert que tout le reste ? Si les Anglais que rien n'autorise à se croire propriétaires absolus du sol, nous avaient considérés comme usufruitiers du territoire que nous possédons aujourd'hui, quel droit avions-nous donc d'en obtenir la restitution? C'était folie à eux de nous l'avoir accordée, et cela en prévoyant le cas de guerre et surtout en stipulant (remarquez, je vous prie, le mot) pour celui où venant à éclater elle nous obligerait à plier bagage et à partir, comme le dit M Fontanier, prévision et stipulation qui excluent toute idée de propriété absolue, d'une part, et de simple usufruit de l'autre, et dont les Anglais, incontestablement, se fussent dispensés, s'ils l'avaient pu.

Effaçons donc du traité de Paris, du 30 mai 1814, et de la convention du 7 mars 1815, les étranges restrictions destinées à perpétuer l'odieux souvenir de l'invasion étrangère et des malheurs qu'elle fit peser sur la France, restrictions dictées sous l'influence de causes qui n'existent plus aujourd'hui. Que l'Angleterre, dans une situation *comparativement* inférieure, alors, dans l'Inde, ait cru devoir se mettre en garde contre les embarras que Pondichéry fortifié de nouveau aurait peut-être pu lui susciter, nous le comprenons et nous nous en applaudissons même, en songeant aux inquiétudes que notre voisinage dans l'Inde, lui occasionnait à cette époque, en raison, on le sait, des brillants et glorieux faits d'armes qu'elle nous a toujours enviés. Mais, les choses ont changé depuis. La France et les autres grandes puissances européennes lui ayant tacitement abandonné, pour ainsi dire, le domaine exclusif des contrées de l'Inde, toute hésitation, tout refus de sa part à accéder à nos vœux, ne serait que puéril et dérisoire.

D'un autre côté, les Etablissements français de l'Inde, dont la conservation non-seulement ne coûte rien à la métropole, mais encore aide, avec le million que l'Angleterre paye pour le monopole qu'elle s'est réservé du sel et de l'opium, à pourvoir aux dépenses de plusieurs autres Etablissements coloniaux, les Etablissements français de l'Inde, disons-nous, fesant partie intégrante du territoire de la France, ne peuvent continuer à subir les traités dont il s'agit, sans porter atteinte à son indépendance, à la dignité nationale, comme l'une des premières puissances du monde.

Précisons bien les points qui viennent d'être mis en discussion.

Le droit de propriété nationale n'étant qu'une pure fiction(1), d'une part, et, de l'autre, la domination des Français et des Anglais, dans l'Inde, ne leur donnant pas la propriété absolue du sol, tout ne se réduirait qu'à une possession en commun imposant, aux Anglais et aux Français, le devoir de régir, administrer et conserver, et aux Hindous, celui d'exploiter le sol d'une manière plus ou moins lucrative pour eux, tout en contribuant, par le payement de l'impôt, aux charges publiques.

Quant à la position des Anglais vis-à-vis des Français et réciproquement, en ce qui concerne l'occupation du territoire, n'y voyant rien qui dénote que leurs relations soient celles de propriétaires et d'usufruitiers, et croyant avoir suffisamment démontré le mal fondé de l'opinion émise à ce sujet, par M. Fontanier, nous nous abstenons d'y revenir.

Cela dit, considérons maintenant quels furent les principaux incidents de la possession territoriale et du mode de perception de l'impôt foncier, sous le gouvernement anglais, depuis l'origine de son établissement jusqu'à ce jour.

L'histoire de ce gouvernement peut se résumer en une page que nous emprunterons au mémoire officiel publié en 1834, par M. A. D. Campbell, sous le titre de *A paper on the Landed Tenures of India.*

Examen fait du système Rayotvarry, proprement dit de la régie, créé par le gouvernement anglais, voici en quels termes s'est exprimé le Board ou comité des revenus de Madras, acte du 5 janvier 1818, rapporté à la page 83 de la brochure de M. Campbell (2).

« On trouve, y est-il dit, une petite bande de conqué-
« rants étrangers qui, ignorant les véritables ressources
« des pays nouvellement acquis, ainsi que la nature pré-
« cise de leurs divers modes respectifs de possession terri-
« toriale, ne se sont pas plutôt établis sur une vaste éten-

(1) Proudhon, page 108 du mémoire déjà cité.
(2) Voir également John Briggs, page 387.

« due de territoire occupé par des peuples très-variés et
« différant les uns des autres, par le langage, les mœurs
« et le costume, qu'ils entreprennent, ce qui pourrait être
« considéré comme une œuvre herculéenne, ou plutôt
« comme un projet chimérique, même dans les contrées
« de l'Europe les plus civilisées, dont on possède tous les
« documents statistiques et où le gouvernement et le peu-
« ple ne font qu'un, c'est-à-dire, d'établir, dans leurs do-
« maines, un impôt foncier, non pas pour chaque province,
« district ou pays, ni pour chaque terre ou ferme, mais pour
« chaque champ séparément. En poursuite de cette amé-
« lioration supposée, on les voit brisant, sans intention, les
« anciens liens qui unissaient la république de chaque
« village hindou, et, par une espèce de loi agraire, taxant
« de nouveau et répartissant les terres qui de temps immé-
« morial avaient appartenu, collectivement, aux commu-
« nautés de villages, non-seulement entre les membres
« individuels de l'ordre privilégié (les Mirassidars et les
« Kadim ou anciens), mais même, entre les plus petits
« tenanciers (Pyacarri) ; on les observe niant avec igno-
« rance et par leur deni, abolissant la propriété privée du
« sol, s'appropriant ce qui appartenait jadis à une corpo-
« ration publique et y substituant une rémunération en
« argent au profit d'un seul individu ; s'attachant à limiter
« la perception à chaque champ ; mais, en fait, établis-
« sant dans cette limite, un maximum impossible à attein-
« dre, taxant le ryot à discrétion et, à l'imitation du gou-
« vernement musulman qui les avait précédés, attachant
« de force le cultivateur à la charrue ; l'obligeant à labou-
« rer une terre qu'il sait être surtaxée ; le relançant s'il
« vient à se cacher, différant la perception jusqu'à ce que
« sa récolte soit mûre ; alors, lui prenant tout ce qui peut
« en être obtenu et ne lui laissant rien autre chose que ses
« bœufs et ses semailles ; même obligés peut-être à l'en
« pourvoir, afin de l'aider à s'acquitter de la triste tâche
« de travailler pour les autres. »

La conclusion à tirer de ces lignes n'est pas difficile.
Nous y reviendrons quand nous aurons examiné les divers
systèmes de perception suivis sur le territoire anglais.

Les trois modes le plus généralement admis et auxquels

l'autorité métropolitaine a donné son approbation, sont le zamindary-rent, le village-rent et le raïyotwar-rent (1).

Le territoire du Bengale ayant été le premier soumis à l'administration directe des Anglais, ils y maintinrent le zamindary-rent, originairement établi par les Musulmans, comme ils adoptèrent, dans l'Inde, en deçà du Gange, comprenant la présidence de Bombay et celle de Madras, le village-rent ou taxation par village. Quant au raïyotwar-rent, entièrement créé par eux, c'est le plus moderne de tous, le plus propre au pays et le seul destiné à faciliter l'institution d'un mode régulier de possession des terres, chez les Hindous, ainsi que nous nous proposons de le démontrer. Mais, dans l'ordre chronologique, le système de taxation par village ou village-rent, que les Musulmans et les Anglais ont indubitablement emprunté au gouvernement hindou, devrait précéder le zamindary-rent qui n'est qu'une innovation et qu'on n'énonce le premier que parce qu'effectivement il fut le premier mode de perception adopté par les Anglais.

____

(1) « 1° Les provinces définitivement organisées d'après le système « Zamindary embrassent, sous la présidence du Bengale, une étendue de « 149,782 milles carrés, comprenant la totalité du Bengale, proprement « dit, et des provinces de Bahar et d'Orissa, à l'exception d'une partie du « Cuttack. Population 35,518,685 âmes, payant un impôt fixé par la loi « de 1830 de 3,247,085 livres sterlings. Il faut y ajouter la province de « Bénarès, d'une étendue de 4,600 milles carrés.

« Sous la présidence de Madras, l'organisation zamindary comprend, à « peu près, la totalité des cinq circars du nord, contigus à la frontière du « Bengale, un tiers des districts de Salem et de Tchinglepett, et une petite « partie du district méridional d'Arcat, l'ancien territoire de la Compagnie, « dans le voisinage immédiat de Cuddalore. Superficie : 49,607 milles « carrés, Population 3,941,021 âmes payant un impôt perpétuel fixé, par « la loi de 1830, à 851,100 livres sterlings.

« Le système zamindary n'a jamais été appliqué à aucune partie des « provinces sous la présidence de Bombay (Montgomery Martin).

2° Le système d'imposition par village s'étend sur la totalité des pro- « vinces du N.-O., ou la présidence d'Agra ; la majeure partie de la pré- « sidence de Bombay ; les districts sur la Nerbuddah et, enfin, dans la pré- « sidence de Madras, sur l'ancien royaume du Tanjaour, les nouvelles « acquisitions de Coorg, Keurnoul, etc.

« 3° Le système rayotwar s'étend sur tout le reste des possessions « directes de la présidence de Madras, savoir : Les provinces de Bellary, « Gouty, Adony, Cuddapah ; les districts d'Arcot supérieur et inférieur, » Salem, Dindigal, etc. Et, dans la présidence de Bombay, sur le pays » méridional des mahrattes, le district de Belgame, une partie de la province « de Bedjapour, etc. » Cte Ed. de Warren, T. 1 1, pages 177, 178 et 179.

DEUXIÈME PARTIE

DES DIVERS MODES DE PERCEPTION DE L'IMPÔT FONCIER ADOPTÉS DANS L'INDE.

Mode de perception connu sous le nom de zamindary-rent ou système zamindary.

Ce système de perception, plus particulier au gouvernement musulman qu'à tout autre, se rapproche beaucoup de la ferme générale. La terre serait affermée, comme nous l'avons déjà dit, par provinces à un *diwan*, ou par district, et c'est le cas le plus fréquent, à des zamindars qui toucheraient environ 10 p. o/o de commission.

L'idée mère qui présida à l'adoption de ce système par lord Cornwallis, en 1787, fut le désir de créer, dans l'Inde, une aristocratie territoriale, en remplacement de l'aristocratie militaire et religieuse que les guerres des Musulmans et des Anglais avaient complètement anéantie. Il voulut donc y donner pour base la propriété foncière.

«Un tiers du territoire de la Compagnie, écrivait-il aux «directeurs, n'est maintenant qu'une forêt, peuplée de «bêtes féroces. Un bail perpétuel excitera, sans doute, «le propriétaire à défricher cette forêt, encouragera le «raiyot à améliorer sa terre. Le fera-t-il, s'il pense qu'au «bout d'un temps donné il sera exposé à être taxé pour «le sol qu'il aura conquis sur le désert, s'il n'a pas l'espoir «de recueillir le bénéfice de ses travaux (1)?»

Animé de louables intentions, mais trop étranger encore au pays qu'il voulait réformer, lord Cornwallis commit la fatale erreur de considérer les zamindars

____

(1) *L'Inde anglaise* en 1843, par le Cte Edouard de Warren, tom. II, page 166.

comme propriétaires du sol, tandis qu'il n'aurait dû voir en eux que de simples fermiers généraux héréditairement chargés de la recette et de l'administration d'un ou de plusieurs districts, moyennant une remise préfixe (1). De là, l'origine de tous les maux qu'eurent à supporter et les zamindars et les cultivateurs, maux auxquels il fallut reconnaître l'inefficacité des moyens adoptés par ce gouverneur pour arriver à organiser la propriété territoriale dans l'Inde. Du reste, les obstacles qu'il rencontra dans cette généreuse tentative ne résidaient pas seulement dans la confusion regrettable qu'il fit des droits respectifs des détenteurs du sol et des fermiers généraux. Ils tenaient et tiennent encore à d'autres causes qu'il importe de détruire, avant de songer à l'établissement d'une institution telle que la propriété qui ne me paraît réalisable qu'a condition qu'on parviendra, d'abord, à modifier les mœurs locales où dominent l'inégalité des conditions et l'abnégation la plus complète du libre arbitre; les préjugés et les inimitiés de castes, barrières invincibles et contre lesquelles viendra toujours se briser toute amélioration ayant pour objet principal la liberté et l'égalité; enfin l'antipathie instinctive que l'Indien éprouve pour tout ce qui implique le mouvement, le changement, le progrès comme conditions nécessaires, et qui fait que le bien suprême pour lui, c'est d'être ce qu'il est et là où il est.

Quiconque a sérieusement médité sur les voies suivies jusqu'à ce jour, pour arriver à une réforme sociale appropriée aux mœurs et au caractère des peuples de l'Inde, a dû être frappé des essais infructueux tentés par lord Cornwallis dans l'intérêt des fermiers généraux. Et pourtant la pensée de les déclarer propriétaires absolus et incommutables du sol devait naître d'elle-même ! Revêtus de fonctions héréditaires, possesseurs d'immenses capitaux et plus libres dans leur gestion que les Dès-Adhikars et les Gram-Adhikars hindous dont ils ne furent que les continuateurs, les zamindars durent apparaître comme la seule classe de la société qui fût investie de droits et de privilèges incontestés aux yeux du peuple

---

(1) A. D. Campbell, page 55.

et généralement reconnus par le pouvoir. La transformation eut donc lieu, et avec d'autant moins de résistance, que ceux qu'on dépouillait et qu'on réduisait ainsi à la condition de simples usufruitiers, étaient déjà ruinés et bien loin d'offrir les garanties de force et de fortune qu'il fallait pour asseoir sur une base solide et immuable l'institution projetée.

Pour mieux comprendre les motifs qui déterminèrent le marquis de Cornwallis à provoquer une loi qui déclarât les zamindars propriétaires absolus du sol, il est nécessaire de revenir sur les principaux évènements qui précédèrent son arrivée dans l'Inde.

On observe que, dans le principe, et en attendant qu'on eût acquis une connaissance plus approfondie des divers modes de possession des terres et de perception des revenus, dans l'Inde, il avait été arrêté que les collecteurs européens seraient autorisés à affermer des terres pour une période de cinq ans (1).

« Mais ce terme n'était pas expiré, dit Barchou de Penhoën, qu'il était devenu évident que les fermiers avaient contracté des engagements trop onéreux pour qu'il leur fût possible de les remplir. Dès la première année, les collecteurs du revenu n'avaient pu tenir leurs engagements. Il fallut donc y remédier (2). »

Le Conseil supérieur du Bengale se composait, à cette époque (1776), du Gouverneur général, M. Warren-Hastings, de M. Barwell, fonctionnaire civil d'une grande expérience, de sir Philip-Francis et du général Clavering. Les deux premiers proposèrent de louer ou affermer les terres pour une ou deux générations, de les affermer de préférence aux anciens zamindars. Sir Philip-Francis posait en principe : 1° que l'opinion qui attribuait au souverain, le grand Mogol, avant sa délégation à la Compagnie, la propriété des terres, était erronée ; 2° que cette propriété appartenait aux zamindars. «Ces deux propositions, ajoute Barchou de Penhoën, il les affirmait plutôt qu'il ne les prouvait.» Les zamindars, ainsi considérés

---

(1) John Briggs, page 147.
(2) Tome III, page 179 de l'ouvrage déjà cité.

comme propriétaires des terres, M. Francis proposait de les soumettre à un impôt fixe. La Cour des Directeurs n'approuva, ni le projet de Hastings d'affermer les terres à vie, ni celle de M. Francis d'établir un impôt invariable. «Elle décréta, dit l'auteur cité, que, jusqu'à nouvel ordre, les terres seraient louées à l'année, et que la préférence serait donnée aux indigènes, quand ils se trouveraient sur les lieux (1).»

Ainsi procéda-t-on, en 1777, 1778, 1779 et en 1780, époque à laquelle les revenus furent affermés aux zamindars, avec la condition qu'ils payeraient une somme stipulée, à défaut de quoi leurs biens seraient expropriés, jusqu'à due concurrence (2).

Sur ces entrefaites, partit Warren-Hastings.

Grant, l'un de ses successeurs, homme de talent et d'une expérience consommée, en outre, auteur d'une statistique très-étendue des districts situés entre Mazulipatam et Ganjam et d'une analyse du système administratif musulman dans le Bengale et le Béhar, revendiqua, au profit du Gouvernement, le droit de propriété que M. Francis, entre autres, voulut reconnaître aux zamindars, et alla même jusqu'à établir en principe que, « rela- « tivement aux natifs de l'Hindoustan, ce serait une inno- « vation extrêmement dangereuse que celle qui aurait « pour but d'admettre, soit en théorie, soit en pratique, « la doctrine du droit individuel de propriété privée du « sol par hérédité ou par tenure libre ou féodale excé- « dant la durée d'une seule vie (3). »

Le départ prématuré de M. Grant et l'arrivée du marquis de Cornwallis, nommé Gouverneur général de l'Inde, amenèrent une interruption fâcheuse, pendant laquelle il fallut tout suspendre. Mais le nouveau Gouverneur ne tarda pas, dès qu'il le put, d'aviser aux moyens de fonder un établissement durable. « Il résolut, dit « Barchou de Penhoën, de laisser aux zamindars le rè- « glement de l'impôt, dans chaque district, de leur

---

(1) Ouvrage déjà cité, tom. III, page 182.
(2) John Briggs, page 156.
(3) John Briggs, page 163.

« affermer les terres dont chacun jouissait pour un terme
« de dix années, puis de rendre ce bail permanent, si cet
« arrangement recevait l'approbation de la Cour des Direc-
« teurs. D'un autre côté, lord Cornwallis, dans ces nou-
« velles dispositions, tranchait la question de propriété,
« jusque là demeurée indécise. Les zamindars solennelle-
« ment reconnus les légitimes propriétaires du sol, à
« charge par eux de payer une rente fixée une fois pour
« toutes, qui ne pouvait plus être augmentée et dont le
« taux devait être une moyenne des taxes des années
« précédentes, furent laissés maîtres de faire avec les
« ryots tous les arrangements qu'ils jugeraient conve-
« nables, sous la recommandation générale, même quelque
« peu banale, de se laisser guider par les usages et les
« coutumes de chaque localité. Une garantie était pour-
« tant assurée en faveur de la rente déterminée entre eux et
« le zamindar, et ce dernier était tenu de délivrer au ryot
« un *patta* où ces engagements se trouvaient mentionnés.
« Or, ce patta constituait un titre au moyen duquel la
« situation du ryot devenait aussi stable que celle du za-
« mindar, car celui-ci ne pouvait plus rien changer aux
« conditions fixées. Les règlements relatifs à ce nouvel éta-
« blissement furent promulgués au Bengale, en 1789, et,
« dans la province du Béhar, l'année suivante. Toutefois,
« ce fut seulement en 1793, que les baux décennaux furent
« exécutés dans chaque district, et que les mesures annon-
« cées furent définitivement complètes (1). »

John Briggs fait observer qu'aux arguments que les
fonctionnaires de la Compagnie opposaient au nouveau
système de perception irrévocablement adopté par le
marquis de Cornwallis, ce Gouverneur répondait :

« Que vingt ans avaient été employés pour obtenir les
« renseignements que l'on considérait encore comme in-
« complets ;

« Qu'en 1769 furent établis des inspecteurs (super-
« visors) ; en 1770, des cours provinciales ; en 1772, un
« comité de circuit chargé de réglementer ; en 1776, des
« ameens ou inspecteurs indiens ayant la mission de faire

____

(1) Tome III, page 18, de l'ouvrage déjà cité.

« hastabond ou résumé des ressources passées et fu-
« tures ; en 1781, des collecteurs européens préposés
« dans les districts, sous la direction d'un comité des
« revenus, à Calcutta. Ainsi que nos prédécesseurs, nous
« sommes en quête de renseignements, et voilà bientôt
« trois ans que nous en recueillons. En outre, si la néces-
« sité de plus amples renseignements était admise aujour-
« d'hui, ou à une époque future quelconque, comme un
« motif pour retarder la déclaration de la permanence de
« l'impôt, le moment pour le peuple de commencer d'en
« jouir, et la prospérité du pays, seraient indéfiniment
« ajournés.

   « La question qui a été tant agitée dans ce pays, de
« savoir si les zamindars et taloukdars sont les proprié-
« taires actuels du sol, ou seulement des agents du Gou-
« vernement, m'a toujours paru leur être d'aucun intérêt,
« tandis que leurs prétentions à une certaine remise sur le
« revenu de leurs terres ont été admises et que le droit du
« Gouvernement à fixer la quotité de ces revenus, à sa
« propre discrétion, n'a jamais été nié, ni contesté (1). »

   Il faut en convenir, tout autre à la place de lord
Cornwallis, se fut trompé comme lui. Qu'étaient-ce, à
l'époque où il parut dans l'Inde, que vingt années de
recherches et de tentatives stériles, quand aujourd'hui, à
l'heure qu'il est, après cent cinquante années d'expérience,
on se demande si c'est à titre de propriétaire incommutable que le cultivateur indien possède le sol qu'il exploite?
La réponse, nous pouvons la faire sans crainte de nous
tromper, c'est que l'impossibilité de l'affirmer autorise
grandement à le nier. En cela, nous nous fondons sur
un argument tiré des lois hindoues et que l'on trouvera
développé à la fin de cet *Essai*.

   L'incertitude et l'insuffisance des renseignements ob-
tenus n'empêchèrent pas lord Cornwallis de provoquer
la loi en vertu de laquelle les zamindars furent reconnus
propriétaires absolus et exclusifs du sol, moyennant une
rente perpétuelle en argent, loi qui devint, comme l'a
judicieusement fait remarquer M. Warren, un instrument
terrible, d'abord, dans les mains des raiyots ruinant les

---

(1) John Briggs, page 178.

zamindars et, aujourd'hui, dans celles des zamindars ruinant les raïyots, à leur tour; conséquences funestes, mais
inévitables, d'une mesure qu'on s'obstina à rendre irrévocable avant même de l'avoir expérimentée, ainsi qu'on se
l'était proposé. En effet, les premiers baux décennaux,
passés en 1789, devaient durer jusqu'en 1799 et éclairer
sur l'adoption ou le rejet d'un système entièrement étranger au pays. Or, dans l'intervalle, parut la loi en question
qui le déclara perpétuel, sans se préoccuper des résultats
qu'on attendait de l'exécution provisoire des engagements
décennaux. On profita, néanmoins, de leur échéance pour
rémédier au mal qui allait toujours croissant et introduire
une modification dont l'effet ne répondit pourtant pas à
l'attente du Gouvernement.

Dans la première période écoulée de 1789 à 1799, les
zamindars et les raïyots liés par des contrats perpétuels,
n'étaient expropriés, pour non payement de la rente, que
par la voie des tribunaux dont les formes compliquées et
surtout les lenteurs retardaient considérablement la perception. Tout en les maintenant pour les raïyots, on crut
nécessaire de les supprimer pour les zamindars qui, soumis
à une forme d'expropriation plus expéditive et forcés de
recourir à la procédure ordinaire, pour contraindre les
raïyots au payement, se virent réduits à une extrémité telle
que, malgré la loi et les assurances données aux raïyots
touchant le maintien des conventions signées entre eux et
les zamindars, il fallut s'en départir, en autorisant ceux-ci
à vendre sommairement pour réaliser leurs rentes. « Ils ac-
« quéraient de la sorte, dit M. Warren, à l'égard des
« raïyots, le pouvoir que le Gouvernement s'était réservé
« vis-à-vis d'eux. Dès lors, les raïyots furent nécessaire-
« ment écrasés. Les zamindars, pouvant mettre leurs terres
« en vente sans l'intermédiaire d'une cour de justice, se
« trouvaient, tout-à-coup, revêtus d'un pouvoir exorbi-
« tant, tyrannique, dont ils devaient abuser, parce que,
« depuis longtemps, toute tradition était perdue, tout
« équilibre détruit, toute barrière morale renversée (1). »
L'expropriation des zamindars, subordonnée au caprice

----

(1) Tome II, page 169, de l'ouvrage déjà cité.

des agents de la collecte, et celle des ryots au bon vouloir des zamindars, la mesure devint comble. Privés les
uns et les autres des garanties tutélaires destinées à sauvegarder leurs droits respectifs, ils marchèrent rapidement
vers une ruine certaine que l'état progressif de souffrance
et de misère auquel se trouve réduit le pays n'atteste que
trop à tous les regards. Mais, malheureusement, il serait
difficile, pour ne pas dire impossible, d'y remédier : le
système zamindary condamné par les Anglais eux-mêmes
et exécré par les nombreuses victimes qu'il a faites, a été
déclaré irrévocable ; c'est ce qu'il faut pourtant reconnaître, tout en déplorant la politique d'un gouvernement
à même plus qu'aucun autre de changer, d'améliorer le
sort du pays (1).

Nous ne saurions trop insister sur les diverses particularités relatives au mode de perception connu sous le nom
de zamindary-rent. L'étude approfondie et les sérieuses
expériences auxquelles ce système a déjà donné lieu ne
peuvent être perdues pour l'avenir : leçons aussi précieuses
qu'utiles, tâchons d'en profiter pour éviter de nous
tromper comme nos devanciers. Car, ce qu'ils voulaient,
nous le voulons, c'est-à-dire l'établissement de la propriété
individuelle et exclusive, parmi les cultivateurs, avec toutes
les garanties que cette institution implique, particulièrement en France.

Mode de perception par village appelé village-rent.

Aucun doute ne saurait subsister sur l'ancienneté de ce
système qui date du siècle de Manou (2), que les musulmans
ont conservé sous le nom de Mozavar (3) et les Anglais, sous
celui de village-rent, et dont Wilks, John Briggs, Barchou
de Penhoën et Warren ont successivement fait connaître
la base et l'organisation qu'on peut résumer comme suit:
Le village hindou serait encore ce qu'il fut de tout
temps, c'est-à-dire, une association libre et spontanée de
cultivateurs réunis pour travailler en commun, caractère

---

(1) John Briggs, page 370.
(2) As old as the age of Manu, dit John Briggs, page 269.
(3) John Briggs, page 269.

essentiel qu'il a toujours conservé malgré les vicissitudes les plus inouies et qui est comme le cachet indélébile de l'antiquité de son origine.

Dans les *ceded-districts*, les Anglais decouvrirent, il n'y a pas longtemps :

1o Des villages possédés en commun ;

2° Des byacharri-villages, ou villages solidaires, la masse des cultivateurs étant responsable de l'impôt dû par chacun ;

3° Des pottivari-villages, ou villages portionnaires, les terres étant divisées et subdivisées par part et portion, à l'infini ;

4° Des vispadi-villages, ou villages où le sol et l'impôt seraient répartis par seizième ;

5° Des villages possédés par un seul.

Bien que chacun de ces villages présente une organisation différente, il n'y a de distinction radicale à faire qu'entre les premiers et les derniers, les trois autres n'étant, à proprement parler, que la réproduction de l'institution primitive, successivement modifiée, par rapport au temps, aux lieux et aux personnes.

Evidemment, les premiers qui s'associèrent pour défricher et labourer en commun et en s'aidant mutuellement, une portion quelconque de territoire ne purent se reconnaître propriétaires absolus, exclusifs et incommutables du sol qu'ils n'occupaient, qu'ils ne possédaient pas encore. Les terres demeurèrent, donc, communes à tous, chacun, selon sa capacité et ses moyens de travail, étant libre d'en exploiter telle ou telle quantité. Maintenant, que la portion de terre affectée à chaque cultivateur soit exploitée sans titre ou avec un titre nommé *patti* ; que cette portion de terre se divise et se subdivise à l'infini ; que toute la corporation soit solidaire du payement de la rente individuelle ; que la répartition du sol et de l'impôt se fasse par seizième, aucune de ces particularités, propres tout au plus à influer sur la forme, mais jamais sur le fond, ne s'oppose à l'admission du grand principe de la possession indivise avec laquelle toutes se concilieraient parfaitement, principe conservatoire dont le maintien aida, d'une manière si efficace, à préserver le village hindou de la destruction générale causée par les conquêtes musulmanes et par la civilisation européenne.

Cela posé, comment se fait-il que tous ayant un droit égal et inaliénable à la posséssion indivise des terres composant le village hindou, un seul se soit trouvé investi de cette possession? Mais, en admettant même le fait, la transmission ou la cession d'un droit quelconque, n'en changeant pas la nature, chacun n'a dû conférer que les avantages et les privilèges dont il jouissait déjà. Or, en y renonçant au profit d'un seul, le cessionnaire n'a jamais pu prétendre à autre chose qu'à un droit collectif de possession et non de propriété. Dans l'ordre physique, la possession implique nécessairement l'occupation : qui occupe possède. Mais, qui possède est il toujours propriétaire ?

Ecoutons la réponse :

«Ailleurs, on s'est partagé la terre ; j'admets qu'il en est
« résulté une organisation plus forte entre les travailleurs
« et que ce moyen de répartition fixe et durable, offre
« plus de commodité ; mais comment ce partage aurait-il
« fondé pour chacun un droit transmutable de propriété
« sur une chose à laquelle tous avaient un droit inalié-
« nable de possession. Aux termes de la jurisprudence,
« cette métamorphose du possesseur en propriétaire est
« également impossible : elle implique dans la juridiction
« primitive, le cumul du possessoire et du pétitoire, et
« dans la concession que l'on suppose avoir été réciproque
« entre les copartageants, la transaction sur un droit na-
« turel. Les premiers agriculteurs qui furent aussi les pre-
« miers auteurs de lois, n'étaient pas aussi savants que
« nos légistes, j'en conviens ; et quand ils l'eussent été, ils
« ne pouvaient pas faire pis : aussi ne prévirent-ils pas les
« conséquences de la transformation du droit de posses-
« sion privée en propriété absolue. Mais pourquoi ceux
« qui plus tard établirent la distinction du *jus in re* et du *jus*
« *ad rem* ne l'ont-ils pas appliquée au principe même de la
« propriété ? »

«Je rappelle les jurisconsultes à leurs propres maximes.»

Il faut donc le reconnaître: dans son origine, le village hindou ne pouvait admettre d'autre fondement qu'une commune possession, particularité que confirmerait, dans tous les cas, l'aveu formel et explicite de Wilks et de John Briggs. A ceux qui en douteraient encore nous répondrons: si même encore de nos jours, des cultivateurs, dans certaines contrées de l'Inde, exploitent le sol, librement et volontairement associés, pourquoi, dans l'origine, alors surtout que la communauté était le principe dominant de la société, au dire des plus célèbres jurisconsultes, n'en eut-il pas été de même?

L'existence de ce principe, par rapport au temps, nous paraît incontestable. Dire que, depuis lors, il est resté intact et qu'il nous est parvenu, dans sa pureté primitive, malgré les transformations sociales que l'Inde a eu à subir, ce serait ne tenir aucun compte des enseignements de l'histoire. L'organisation du village hindou a dû nécessairement se modifier, nous dirons mieux, se régulariser, sous l'influence de la civilisation brahmanique qui est un fait capital se rattachant, comme on le sait, à une époque assurément peu éloignée de nous. C'est ce que nous allons tâcher d'examiner.

Le village sous le gouvernement hindou, devait être une communauté de cultivateurs, administrativement constituée, non seulement parce que l'élément financier y dominait tous les autres, mais encore parce que l'impulsion première donnée aux affaires n'appartenait qu'à des agents de l'autorité nommés Gram-Adhikar et Dès adhikar, rétribués par le gouvernement dont ils étaient les représentants. Dans un pays où, de tout temps, les revenus de l'Etat, ou du moins, la plus grande partie de ces revenus étaient tirés presque intièrement du produit des terres, l'assiette et la quotité de l'impôt, l'époque des payements, le mode de perception, devaient être choses trop sérieuses pour que l'autorité n'eût pas tenu à en surveiller le règlement. Il est incontestable qu'elle devait y avoir la haute main. Le montant de la recette, une fois déterminé, par village, les notables et les chefs du lieu, assistés du Gram-Adhikar, en faisaient la répartition entre tous les cultivateurs au prorata des terres exploitées par chacun d'eux, de leur capital et de leurs moyens de travail.

Le colonel Munro, depuis Gouverneur de Madras, qui avait exercé les fonctions de collecteur des revenus, pendant quatorze ans, dans l'Inde, après avoir décrit la manière dont on procédait encore de son temps à cette répartition (1), déclare formellement que la communauté agricole, connue sous le nom de village hindou, n'a aucun droit à prétendre à la propriété des terres qu'elle cultive, et qui, à la fin de chaque année, font retour au gouvernement, pour être distribuées de la manière jugée la plus convenable (2). Ce que John Briggs conteste toutefois, se réservant, par une note mise au bas de la page, de déduire ses raisons, lorsqu'il viendra à parler du Deccan (3). Autant que nous avons pu en juger, elles reposeraient toutes sur l'existence du mode de possession connu, dans l'Inde, sous la dénomination de Kaniatchi (en langue tamoule) et de Miras (en langue arabe). A ces deux mots et à quelques autres encore, ayant la même valeur (4), se réduisent effectivement, les arguments et les preuves sur lesquels on se fonde assez généralement, pour établir que, dans certaines contrées de l'Inde, les cultivateurs sont propriétaires du sol qu'ils exploitent. Ne croyant pas le moment venu d'entamer l'examen et la discussion de ces preuves, nous allons terminer ce qu'il nous reste à dire sur le système d'imposition par village.

Bien que le gram-adhikar assistât à la répartition faite par les plus anciens et les plus notables des cultivateurs, il ne lui appartenait point d'exercer aucune influence sur

---

(1) « Quand l'époque de la mise en culture approche, tous les cultiva-
« teurs s'assemblent pour régler les diverses rentes de l'année ; le temple
« est le local habituellement choisi à cet effet, d'après l'idée que la sain-
« teté du lieu rendra les engagements respectifs plus obligatoires. Ils dé-
« terminent le montant du capital agricole de chaque individu et de la
« corporation tout entière, ainsi que la quantité des terres à la culture
« desquelles ce capital est adéquat. Puis, ils les divisent en conséquence,
« donnant à chaque individu le morceau de terre qu'il a les moyens de
« cultiver et fixant sa part de contribution. Que cette part soit d'un on
« de deux seizièmes (il s'agit ici de Vispaddy-villages où la taxe indivi-
« duelle ne peut pas être moindre d'un seizième), chacun la paie dans
« cette proportion, la totalité de la recette du village serait-elle plus ou
« moins élevée. » John Briggs, p. 265. Voir aussi la *Description historique et géographique de l'Inde*, par Anquetil du Perron, tome II, p.
227.

(2) John Briggs, p. 266.
(3) John Briggs, pp. 335 354.
(4) Tels que *Málik, Ashraf, Bhàgdar, Pattidar, Jenmikar.*

la manière dont on y procédait. Préposé à la recette, il veillait à ce qu'elle se fît sans interruption, ni préjudice pour le fisc. Là, se bornait toute son action. Aussi, l'existence du village était-elle indépendante du pouvoir régnant pour tout ce qui concernait son administration intérieure. Le chiffre de l'imposition collective, une fois arrêté, l'autorité, quelle qu'elle fût, de quelque part qu'elle émanât, n'avait plus à s'inquiéter de qui payait plus, ni de qui payait moins. C'est ce qui a pu faire supposer à la plupart des auteurs qui ont écrit sur la matière, que la constitution du village hindou était républicaine ou communiste. Quoi qu'il en soit, il est impossible de ne pas admettre que cette constitution (chose incroyable !) reposait et repose encore sur un principe qui, pour être, il faut le dire, incompris des peuples modernes, n'en était pas moins reconnu et pratiqué par les anciens et, particulièrement, par les Hindous. Nous voulons parler du principe de l'association en tout et pour tout, principe fécondant et conservateur qui seul suffit pour expliquer comment l'antique institution, connue sous la désignation de village hindou, est parvenue jusqu'à nous, sans éprouver la moindre altération dans son organisation primitive.

La population agricole, population pauvre et laborieuse, écrasée sous le poids de l'impôt et réduite à voir le fruit de ses labeurs profiter aux classes supérieures dont elle aidait à raffermir le despotisme, ne trouva d'autre remède à ses maux que l'association, égide protectrice à l'abri de laquelle elle put semer, avec la certitude de récolter, de transmettre après elle un héritage de longue main amassé, et traverser, sans déchirement, les tourmentes sociales les plus envahissantes, pour se montrer à nous dans toute sa force, dans toute sa simplicité originaire. Les tentatives faites par les Musulmans et continuées par les Anglais, afin de la soumettre à de nouvelles règles qui ne tendaient qu'à un relâchement progressif des liens dont elle crut nécessaire de s'entourer pour mieux résister, influèrent, sans doute, sur sa constitution, telle que les voyageurs l'ont observée de nos jours; mais le principe adopté par elle resta invariable et dut être respecté. Base du mode de perception conservé par les Musulmans sous le nom de Ma-

zavar et, par les Anglais, sous celui de village-rent (imposition par village), il est légalement observé dans les
trois présidences de Calcutta, Madras et Bombay. Nous
démontrerons, tout à l'heure, que le zamindari-rent, dont
les Anglais ont fait un système à part, par la violation la
plus flagrante des droits les plus sacrés, repose entièrement sur le même principe que le village-rent et n'en
est qu'une variation très-facile à saisir.

D'après Warren et Barchou de Penhoën, voici en
quoi consisterait le village-rent :

« Le chef du village est responsable de l'impôt qu'il
« répartit entre les rayots au prorata des terres qu'ils ont
« cultivées. La quotité de cet impôt est encore aujour-
« d'hui déterminée de la manière suivante :

« En prenant pour base la coutume des gouvernements
« hindous, les cultivateurs ont droit à la moitié de la
« moisson de riz qui est le produit des pluies périodiques;
« ils ont droit aux deux tiers environ de celle provenant des
« moyens artificiels d'arrosement. Tandis que la moisson
« est encore sur pied, la quantité des grains est exa-
« minée en présence des habitants et des employés du
« village : elle est estimée par des personnes étrangères
« à celui-ci, que l'habitude a rendues expertes à estimer
« le montant du produit d'une étendue de terre quel-
« conque, et qui, d'ailleurs, sont aidées, dans ce travail,
« par la comparaison du produit de l'année avec celui
« des années précédentes, constaté par les registres du
« village. La part du gouvernement étant alors fixée,
« déterminée d'avance, elle est payée, soit en nature,
« soit en argent (1). »

Rapprochons les faits et nous verrons que, malgré les
transformations qu'on leur a fait subir, ils sont toujours
restés les mêmes, au fond.

« Sous le gouvernement hindou, dit Barchou de Pen-
« hoën, toutes les terres composant le village, demeuraient
« en commun; chaque année, elles étaient partagées entre
« eux par les habitants, chacun recevant pour la cultiver

---

(1) L'*Inde anglaise*, en 1843, par Warren, tome II, pp. 174 et 175.
— Barchou de Penhoën, tome 1er, pp. 342 et 343.

« une portion en rapport avec son capital et ses moyens
« de travail. Le chef ou maire du village présidait à cette
« répartition. Dans ce cas, les agents des revenus impo-
« saient aussi le village en bloc, suivant la quantité des
« terres qui en dépendaient. La taxe se répartissait, ensuite,
« de la même manière entre les habitants; elle était, par
« conséquent, proportionnelle avec la quantité des terres
« cultivées par chacun.

« Le gouvernement mogol trouva les choses dans cet
« état; il les maintint, en renforçant les moyens de col-
« lection. Sous le nom de zamindars, les collecteurs des
« revenus devinrent responsables des impôts qu'ils durent
« percevoir, et stationnaires dans les districts. Il y avait
« un grand avantage pour le gouvernement central à
« conserver les mêmes agents dans les mêmes lieux; ils
« devinrent ainsi inamovibles. Le fils fut appelé à suc-
« céder à son père par les mêmes raisons qui avaient
« rendu le père inamovible. Peu à peu les agents du fisc
« devinrent, donc, héréditaires en fait. Le droit ne tarda
« pas à venir consacrer le fait, et, à l'époque où les Anglais
« parurent, il n'y avait pas d'exemple que les agents du
« revenu eussent été déplacés. Conséquent avec lui-
« même, le gouvernement mogol, en rendant les za-
« mindars, responsables des revenus, leur donnait les
« moyens de les réaliser, c'est-à-dire, de forcer, de
« contraindre les débiteurs au payement. Ainsi, il leur
« était permis d'avoir sur pied autant de troupes qu'ils en
« pouvaient entretenir; ils avaient, de plus, l'administration
« souveraine de la justice. Le conquérant ne comprenait
« guère, en fait de délits, que ceux qui touchaient au
« revenu; du moins, étaient-ce les seuls dont il voulat
« s'occuper. Les zamindars réunissaient, donc, dans leurs
« mains plusieurs fonctions soigneusement séparées d'après
« nos idées : ils étaient percepteurs d'impôts, banquiers,
« commandants militaires et magistrats. Le zamindar re-
« cevait 10 p. o/o, sur la portion du revenu appartenant
« au gouvernement et qu'il était chargé de percevoir ;
« cette portion était de moitié, et souvent davantage, du
« produit brut. Aussi, le cultivateur avait-il à peine de
« quoi vivre, lui et sa famille. Celui qui tire d'une terre

« son principal produit, peut être considéré comme en
« étant le propriétaire de fait. A quoi servirait d'être
« propriétaire d'un champ dont on ne toucherait rien, ni
« une gerbe de blé, ni un boisseau de pommes de terre,
« ni un écu ? Le propriétaire de fait, comme d'ailleurs
« il l'était de droit, c'était donc le gouvernement, ou
« bien encore le zamindar qui le représentait (1)· »

Aucune institution n'a attiré l'attention unanime de
tous les voyageurs et de tous les écrivains, tant anciens
que modernes, au même degré que celle connue sous
le nom de village hindou ; aucune n'a été plus soigneusement décrite et analysée dans ses moindres détails.
Au dire de tous, son existence aurait été tellement ré-
pandue, que l'Inde toute entière n'aurait formé qu'une
réunion de communautés de village, s'administrant par
des règles dont l'origine est inconnue et qui, dans certaines
provinces, sont restées invariables, continuant à s'observer partout où le gouvernement anglais a pu en découvrir les traces, quelque défigurées qu'elles fussent,
sous le règne des Musulmans.

Nous ne croyons donc pas que ce soit une erreur que
d'admettre ces règles comme le point de départ de toutes
celles d'après lesquelles ont été organisés les divers systèmes de possession, d'imposition et de perception en
vigueur de nos jours, de quelque peuple et de quelque
contrée qu'il s'agisse.

Or, précisons-les, pour la dernière fois, ces règles, et
tâchons de nous rendre bien compte des conséquences
que nous devons en tirer.

On l'a dit et répété assez souvent pour qu'il ne soit plus
permis d'en douter : le principe dominant de l'institution
était la communauté, les terres demeuraient en commun
et chacun en cultivait la quantité qu'il pouvait. Voilà pour
la possession.

L'imposition dépendait naturellement des besoins du
fisc, lesquels variaient avec les formes de gouvernement,
les changements de souverain et tous les accidents de

____

(1) *Histoire de la conquête et de la fondation de l'empire anglais
dans l'Inde*, par Barchou de Penhoën, tome IV, pp. 15, 16 et 17.

bonne ou de mauvaise fortune que subissait le pays. La quotité de l'impôt une fois déterminée par village, la répartition s'en effectuait par l'intermédiaire des chefs et notables du lieu, tous les cultivateurs dûment convoqués. Les cotes pouvaient donc varier à l'infini, sans porter atteinte, toutefois, à la tenure individuelle qui continuait à demeurer toujours la même.

Quant à la perception, nous l'avons déjà expliquée : elle se réduisait à l'emploi d'un gram-adhikar assisté d'un gram-lékhak, par village ; et d'un dès-adhikar assisté d'un dès-lékhak, par district ; l'un et l'autre, en leur qualité d'agents du pouvoir, présidaient à la distribution des terres et à la répartition de l'impôt, veillaient au maintien du bon ordre, jugeaient les contestations qui survenaient, fesaient la police et procédaient à la perception dont ils versaient le montant au trésor de l'État, après avoir prélevé la remise qui leur était allouée, le tout sans jamais s'immiscer, ni intervenir, pour quoique ce soit, dans le mode particulier de distribution des terres et de répartition de l'impôt qu'il n'appartenait qu'aux principaux du village de régler, de concert avec tous les habitants.

La responsabilité, en cas de non payement, reposait tantôt sur tous les cultivateurs, en masse, comme dans les Byacharri-villages ou villages solidaires, tantôt sur chaque individu, en particulier, comme dans les Pattidari-villages ou villages portionnaires.

Quoi qu'il en fût, ni les gram-adhikar, ni les dès-adhikar, n'encouraient, à cet égard, aucune solidarité avec les contribuables; ils n'étaient répréhensibles que des fautes commises dans l'accomplissement de leurs devoirs ou dans l'exercice de leurs fonctions. C'étaient, à vrai dire, des receveurs particuliers et des receveurs généraux, préposés à la collecte des parts de revenus incombant à l'État, moyennant une allocation proportionnée à l'importance de la recette, et rien de plus. Nous insistons sur ces particularités, parce qu'elles ont une relation très-intime avec tout ce qui se rattache au système de perception adopté par les Anglais, sous le nom de zamindary-rent.

Tel était l'état constant et réel des choses, quand les

Musulmans parurent dans l'Inde. Tout en les maintenant, ils crurent devoir renforcer les moyens de collection et nommèrent zamindars les collecteurs chargés de percevoir les revenus publics. Il est certain que, dans le principe, les attributions des zamindars durent être les mêmes que celles des gram-adhikars et des dès-adhikars, ainsi que nous avons essayé de le démontrer, ailleurs. Du reste, John Briggs a pris soin de l'établir d'une manière irrécusable. Mais, voici en quoi elles commencèrent à différer.

Les gram-adhikars et les dès-adhikars étaient-ils stationnaires, inamovibles, dans leurs fonctions? Il est permis d'en douter. Parmi les auteurs qui en ont parlé, les uns ont prétendu qu'ils étaient élus à la fin de chaque année, par les cultivateurs réunis en assemblée générale, et les autres, que, délégués par le pouvoir dont ils étaient les représentants, il lui appartenait de les maintenir ou de les déplacer à volonté. Une circonstance qui me ferait penser que les gram-adhikars et les dès-adhikars n'étaient point inamovibles, c'est que Barchou de Penhoën a pris soin de remarquer que les zamindars le devinrent, sans doute, pour faire ressortir ce qu'il y avait de différent entre les deux positions. A ce premier changement vint s'ajouter, avec le temps, la responsabilité du payement de l'impôt, responsabilité que n'encouraient point les gram-adhikars et les dès-adhikars, pour les motifs déduits plus haut. Les conséquences furent que ceux-ci ne devant pas s'immiscer ni dans la distribution des terres, ni dans la répartition de l'impôt, il parut tout naturel de ne faire peser sur eux aucune responsabilité, pour le cas de non payement; tandis que les zamindars, au contraire, ayant été déclarés responsables, durent nécessairement intervenir dans la fixation des cotes, soit de terre, ou d'impôt à attribuer à chaque cultivateur et être, par cela même, investis de droits beaucoup plus étendus que ceux reconnus aux gram-adhikars et aux dès-adhikars.

A partir de ce moment, les situations changèrent : les zamindars, qui n'étaient que des collecteurs de revenus, réunissant dans leurs mains, comme Barchou de Penhoën l'a dit, plusieurs fonctions soigneusement séparées d'après nos idées, comme celles de percepteurs d'impôt, de banquiers, de commandants militaires et de magistrats, devinrent, ce qui est très-remarquable, des fermiers généraux, absolument libres d'imposer à volonté les détenteurs du sol, de les exproprier à défaut de payement, et, par cela même, seuls responsables, et personnellement et pécuniairement, des parts de revenus incombant à l'Etat, sur la recette des villages ou des districts confiés à leurs soins.

Cette importante modification dans l'administration économique et financière du pays, prit naissance, comme on le voit, sous les Musulmans qui en firent un système particulier d'imposition que les Anglais adoptèrent sous la dénomination de zamindary-rent.

Ainsi, les zamindars, après avoir été simples collecteurs des revenus dégagés de tout intérêt direct et privé dans les affaires du village ou du district qu'ils ne fesaient que gérer, furent tout-à-coup transformés en fermiers généraux, personnellement intéressés à augmenter les impôts pour en faire leur profit. L'expérience ne tarda pas à démontrer tout ce qu'il y avait de nuisible, de destructeur, dans cette transformation, pour les véritables possesseurs du sol et pour les cultivateurs.

Cependant, cette modification, quelque importante qu'elle dût paraître, ne fut pas la dernière.

Les Anglais, dès qu'ils eurent pris en main les rênes du gouvernement, dans le Bengale, s'appliquèrent à faire des recherches, à réunir des documents et à essayer divers systèmes qui tous échouèrent successivement. Dans la prévision d'une réforme ultérieure, voici à quoi ils se déterminèrent :

« L'on trouva, dit John Briggs, que le mode de percevoir les revenus adopté, ici, par les meilleurs gouvernements, était de préposer des collecteurs qui, aidés des fonctionnaires du district, appelés zamindars et d'un comptable public, nommé canungoé (1), fixaient la recette provenant de chaque village, laquelle était versée au trésor de l'Etat. Ce système, entraînant beaucoup trop

---

(1) *Zamindar* et *canungoé*, dénominations qui remplacèrent celles de gram-adhikar et de gram-lékhak et de dès-adhikar et dès-lékhak usitées sous le gouvernement hindou.

« de détails, fut abandonné pour celui plus simple de ré-
« gler avec le zamindar, pour tout le district, libre à ce
« dernier de percevoir l'impôt comme il pourrait (1). »

C'était maintenir ce qui se pratiquait sous l'administration des Musulmans et, jusque là, il n'y avait que demi
mal. En effet, quoique fermiers généraux, les zamindars
n'avaient aucune prétention à élever sur la libre disposition
du sol. Il est vrai qu'en exagérant l'impôt, ils obligeaient
les tenanciers à délaisser une jouissance qui leur devenait,
quelquefois, par trop onéreuse. Mais ceux-ci se consolaient,
du moins, en espérant qu'un changement dans le choix
des personnes appelées à décider, ainsi, de leur sort et de
l'avenir du pays, pouvait faire renaître des temps meilleurs
et soulager les maux présents. Car, il n'y avait encore rien
d'irrévocable dans la position qui leur était faite. Habitués
à vivre au jour le jour, ils se croyaient heureux, pourvu
qu'il retirassent du sol de quoi se payer de leurs peines et
de leurs déboursés. Quant à se ménager un profit quelconque, cela ne leur était plus permis, réduits qu'ils
étaient à travailler, à produire pour d'autres.

« Le zamindar, comme l'a dit Barchou de Penhoën,
« recevait 10 p. o/o sur la portion du revenu appartenant
« au gouvernement et qu'il était chargé de percevoir;
« cette portion était de moitié, et souvent davantage, du
« produit brut : aussi, le cultivateur avait-il à peine de
« quoi vivre, lui et sa famille. »

On ne la reconnaissait que trop cette triste et désolante
vérité, mais pour en faire découler une conséquence tout
opposée à celle que des hommes plus éclairés et moins
imbus de doctrines contraires aux véritables intérêts du
pays, que ne l'étaient ceux qui, les premiers, furent appelés à y dominer, eussent probablement déduite. Au lieu
de remonter aux causes de l'état de dénûment et de souffrance auquel le cultivateur se trouvait condamné, on prit
à tâche, pour ainsi dire, d'en négliger la recherche, ce
qui n'aboutit qu'à aggraver une situation déjà très-com-
promise. Or, voici comment on raisonna :

« Celui qui tire d'une terre son principal produit peut
« être considéré comme en étant le propriétaire de fait.

____

(1) John Briggs, p. 146.

« A quoi servirait d'être propriétaire d'un champ dont on
« ne toucherait ni une gerbe de blé, ni un boisseau de
« pommes de terre, ni un écu ? Le propriétaire de fait,
« comme, d'ailleurs, il l'était de droit, c'était donc le
« gouvernement ou bien encore le zamindar qui le repré-
« sentait. »

Le principe une fois admis, on s'empressa d'en faire
l'application, sans trop se soucier des résultats qui ache-
vèrent la ruine des cultivateurs détenteurs du sol. Et la
loi de 1793 fut promulguée (1) !

Ainsi, après avoir contribué soi-même à ce que les
raiyots ne pussent pas retirer de la terre leur principal
produit, on leur a dit : Vous n'êtes pas les propriétaires de
fait, vous qui n'avez ni une gerbe de blé, ni un boisseau de
pommes de terre, ni un écu du champ que vous cultivez;
et cela, aurait-il fallu ajouter, parce qu'en ma qualité de
souverain, j'ai le droit de m'en emparer. Le véritable propriétaire, le propriétaire de fait et de droit, c'est moi,
maintenant, ou bien encore ceux qui sont assez riches
pour acheter le privilège d'extorquer le fruit de vos labeurs, d'exprimer le peu de substance qui vous reste
encore!

Ça n'a pas été autre chose, pourtant ! De par la loi,
les zamindars furent déclarés propriétaires absolus, exclusifs et incommutables de toutes les terres composant
le village ou le district que, naguère, ils administraient
en qualité de fonctionnaires publics, que, naguère, encore,
ils se bornaient à affermer, sans prétendre à aucun droit
de propriété sur le sol possédé et exploité, de génération
en génération, par les habitants, par les cultivateurs du
lieu. Quel bouleversement ! quel renversement de tous les
droits les plus sacrés ! Il fut donc permis au premier
banian, au premier marchand forain de se présenter à
la barre d'un tribunal adjudicateur, pour acquérir la propriété d'une étendue souvent très-considérable de territoire, et, avec cette propriété, la liberté de taxer impu-
nément, de dépouiller, sans merci, toute une population
de tenanciers que le gouvernement sacrifierait et livrerait

---

(1) John Briggs, p. 356.

encore aujourd'hui , comme une proie facile et assurée à la rapacité de spéculateurs ambitieux et entreprenants. Tel est le système zamindary qui dénote l'usage le plus triste que les Anglais aient fait des lumières et de la civilisation, de leur pouvoir, de leur influence sur les destinées des vastes contrées soumises à leur domination.

La loi de 1793, et c'est là la conviction que nous avons puisée dans tous les auteurs qui se sont occupés de la question, la loi de 1793, au lieu de contribuer à organiser la propriété foncière dans l'Inde, a été, au contraire , un obstacle insurmontable à cette organisation, en causant la plus funeste perturbation dans les droits acquis par une longue possession , lesquels , sanctionnés par le pouvoir, auraient dû seuls servir de fondement à la propriété absolue , exclusive, incommutable , telle que nous la comprenons.

Tandis que par une déduction toute naturelle du faux principe , du vice radical sur lequel elle repose , elle n'a abouti qu'à fortifier la nature essentiellement précaire du droit, en vertu duquel on a toujours occupé, possédé une terre dans ces contrées. A cette occasion , nous rappellerons ces paroles, déjà citées , de M. Guizot et qui reçoivent ici une application directe :

« Il en est de la propriété territoriale comme de la ri-
« chesse mobilière , elle veut être indépendante , dispo-
« nible , et va là où elle se trouve en sûreté. Quand l'état
« social est tel que la sûreté lui soit garantie indépen-
« damment de la force de son possesseur, elle tend à
« se diviser, car tout homme la recherche dès qu'il peut
« se promettre de la garder et d'en jouir en paix. Quand
« au contraire , on la voit s'accumuler progressivement
« dans les mêmes mains, on peut être assuré que sa con-
« dition est mauvaise , que les faibles s'y trouvent mal
« et que les forts seuls peuvent la défendre. »

La seule conséquence à tirer de la révolution causée par l'application de la loi de 1793, c'est qu'au lieu d'aider à diviser, à populariser, pour ainsi dire, la propriété territoriale dans l'Inde, comme chez les peuples les plus civilisés, cette révolution n'a servi qu'à l'accumuler dans les mêmes mains, qu'à la rendre abordable aux plus riches, aux plus puissants, résultat dont la conclusion serait qu'en défi-nitive, l'objet qu'elle s'est proposé est une tentative avortée dont les suites ont été et seraient encore on ne peut plus fatales au pays.

Un autre résultat à constater et que nous posons ici comme un jalon qui nous servira, plus tard, à relier en faisceau toutes les questions traitées dans ce rapport, c'est que la propriété, ainsi que tous les grands principes d'or-ganisation sociale, a eu ses divers âges. Partout, indivise et commune, dans l'origine, elle est ensuite devenue féodale, et, dans les pays civilisés au plus haut degré seu-lement, tels que la France surtout, elle a atteint, enfin, sa vraie nature qui est d'être une institution démocra-tique, ayant à sa base, comme l'a dit M. Troplong (1), les deux éléments essentiels de la démocratie, la liberté et l'égalité. Il faut donc reconnaître :

1° Que, d'après toutes les preuves existantes, tous les témoignages officiels et historiques, il n'y a pas à douter que la propriété serait encore, aujourd'hui, indivise et commune dans beaucoup de contrées de l'Asie, ce qui constituerait l'état primitif de la propriété territoriale chez les Hindous ;

2° Que, par la marche constante et uniforme qu'elle a suivie partout où la civilisation et les lumières ont été en voie de progrès, elle est ensuite devenue féodale, point d'arrêt que les invasions, les révolutions et les dé-chirements auxquels le pays serait encore exposé, même de nos jours, ne lui ont pas permis de franchir, barrière que tout me porte à considérer comme l'état actuel de la propriété territoriale dans l'Inde ;

3° Qu'il reste encore à la propriété une dernière trans-formation à subir chez les Hindous, transformation qu'elle a, du reste, acceptée avec d'autant moins de résistance, en France, que toutes les idées, tous les principes qui y dominent la rendaient inévitable, c'est de devenir acces-sible à tous, sans distinction de classe, de caste, ni de couleur.

---

(1) Voir l'article intitulé : *De la propriété,* qu'il a publié dans le journal le *Siècle.*

Nous soutenons et le prouverons, au besoin, que la propriété, dans l'Inde, n'a jamais réuni aucun de ces caractères qu'il importe de lui donner, n'a jamais rempli aucune de ces conditions sans lesquelles, pourtant, il est impossible qu'elle devienne ce qu'elle doit être.

Elle est donc restée féodale, parquée dans des castes et inabordable au plus grand nombre.

Eh bien! la loi de 1793, au lieu d'améliorer sa condition, de faciliter la transition qu'il faut qu'elle suive pour devenir une institution démocratique, n'a fait que l'aider, au contraire, à se rendre plus exclusive, plus féodale que jamais; à s'asseoir aussi solidement que possible sur les privilèges, les préjugés et les distinctions de fortune et de caste; à rétrograder, enfin, vers le passé. Or, nous demandons si c'est dans le but d'organiser la propriété foncière sur ses véritables bases, dans l'Inde, que la loi précitée a été faite. Nous répondons, avec la plus ferme conviction, que non; qu'elle a, au contraire, empêché cette organisation. Et d'ailleurs, les Anglais avaient leurs raisons d'Etat, leurs motifs politiques pour s'y opposer. Ils l'ont fait, et leur pouvoir, dans l'Inde, se consolide, chaque jour, davantage.

Revenons au village-rent. Basé, comme nous avons essayé de le démontrer, sur l'association qui, avec la famille et la propriété, constitue les trois grands principes à l'action desquels aucune société bien organisée ne saurait se soustraire, ce système a été admis par les Anglais, dans toutes les provinces où ils en ont découvert la trace. Le seul changement qu'ils ont introduit a été de fixer, d'une manière invariable, la cote d'impôt à payer individuellement, par les membres de la communauté; tandis que, sous le gouvernement hindou, il n'y avait d'invariable que la quotité collective d'impôt due par le village ou par le district, la taxe individuelle variant à l'infini. Cette cote serait, ainsi qu'on l'a vu plus haut, de la moitié des récoltes obtenues au moyen de sources, de canaux, de débordements et de pluies périodiques, et du tiers, seulement, de celles provenant d'irrigations artificielles. Quant à la distribution des terres, à la responsabilité, en cas de non payement, à l'acquittement des charges communes, rien n'y a été changé : les mêmes règles, les mêmes usages s'appliqueraient encore aujourd'hui, comme aux temps les plus reculés.

Nous avons dit, et nous croyons l'avoir prouvé, que le mode particulier de possession, d'imposition et de perception, inhérent au village-rent, doit être considéré comme le plus ancien, et, par conséquent, comme le premier, suivant l'ordre chronologique.

Nous avons ensuite fait ressortir les points qui rapprochent et qui distinguent ce système de celui connu sous le nom de zamindary-rent, auquel John Briggs a consacré un chapitre spécial, ce qu'il n'a pas cru devoir faire pour le village-rent, convaincu, probablement, par les mêmes raisons que nous, qu'au fond, ces deux modes auraient la même origine, bien qu'aujourd'hui, l'un et l'autre forment deux systèmes différents (1).

Il nous reste à expliquer le raiyotvarry-rent, le dernier des trois systèmes d'imposition adoptés par les Anglais.

Mode de perception dit raiyotvarry-rent.

Dans ses notes sur la culture (2), extraites du rapport du comité de Madras, daté de février 1807 et expliquant les différentes manières d'administrer les terres dans le Tanjaour, M. Joseph Cordier, ancien Gouverneur civil, par intérim, de Pondichéry, a défini le raiyotvarry-rent : « Un « bail avec chaque *mirasdar* (3), à un prix déterminé, « d'après le nombre de vélis (4) qu'il peut actuellement « mettre en culture, ou pour toutes ses terres. »

Le même rapport détermine, ainsi, le but du raiyotvarry-rent :

« Le but d'un raiyotvarry-rent est principalement d'as- « surer aux raiyots de la basse classe le fruit de leurs peines,

---

(1) Dans le village-rent il ne s'agirait que d'une seule aldée, d'un seul village, avec les habitants duquel on passerait un bail collectif, pour un certain nombre d'années ; tandis que dans le zamindary-rent, au lieu d'une aldée, d'un village, ce sont plusieurs aldées ou villages que l'on affermerait à un ou plusieurs individus.

(2) Ces notes portent la date du 15 juin 1826.

(3) Le mot *mirasdar* est ici pris dans le sens général de cultivateur.

(4) Mesure agraire de 26,755^m q 10.

« de les délivrer du joug des chefs raiyots, de stimuler
« l'industrie, en n'imposant pas de taxe sur les terres amé-
« liorées, d'après le produit supposé, d'empêcher les gens
« industrieux, actifs, de payer la taxe de l'indolent, con-
« séquence que produirait le mode appelé village-rent. »

Voici maintenant l'opinion de M. Cordier sur le raiyotvarry-rent :

« Ce mode est, suivant moi, celui qui serait le plus avan-
« tageux au pauvre cultivateur, si, avant de taxer la terre,
« on avait son rapport moyen, pendant dix ans, pour
« chaque qualité de terre possédée par les mirasdars des
« aldées. Cette taxe ne serait pas onéreuse au gouverne-
« ment, puisqu'elle lui assurerait un revenu moyen de dix
« ans. Pour un raiyotvarry-rent, il faudrait que la taxe
« portât sur toutes les terres cultivables, afin d'obliger
« l'Indien, qui est naturellement paresseux, à travailler. »

John Briggs, qui a examiné la question dans toutes ses
parties, en se livrant à tous les développements qu'elle
comporte, résume, dans les termes suivants, les avantages
et les désavantages du système raiyotvarry :

« Cela tend, dit-il, à garantir à chaque individu, à per-
« pétuité, une certaine quantité de terre ; à y restreindre
« l'impôt, pour toujours ; à en alléger le poids, conformé-
« ment aux circonstances, sans augmentation possible ; à
« empêcher que le cultivateur soit surtaxé par les fonc-
« tionnaires du village, pour dîmes paroissiales ; à définir
« les droits. D'une autre part, cela confère aux tenanciers
« la propriété des suzerains. La quotité de l'impôt qui est
« de 30 à 40 p. o/o du produit brut, si le prélèvement
« se faisait toujours en grains, à un prix fixe, rend la
« charge variable et si la variation tourne contre le culti-
« vateur, elle n'aboutit qu'à le ruiner. Par la nature même
« de la taxe, les remises deviennent nécessaires et l'impo-
« sition ayant lieu annuellement, elle donne issue aux plus
« grands abus ; place toujours le cultivateur et le fonc-
« tionnaire du gouvernement dans un état d'opposition
« réciproque ; conduit, par là, à des chicanes, d'une part,
« et à la corruption de l'autre. Cela subvertit l'ordre so-
« cial établi, en réduisant toutes les classes au même ni-
« veau. Cela exige de nombreux établissements civils et

« des agents doués de talents extraordinaires, de zèle et
« d'intégrité, dans toutes les parties, et finalement, c'est
« une nouvelle invasion dans les anciens usages et institu-
« tions du peuple (1). »

Ces citations nous ont paru nécessaires pour donner
une juste idée du mode de perception connu sous le nom
de raiyotvarry-rent, des avantages et des désavantages
qu'on y a reconnus, enfin, des vrais principes d'après lesquels il convient de l'apprécier.

Nous avons déjà dit que ce mode est le plus moderne
de tous, le plus propre au pays et le seul destiné, selon
nous, à faciliter l'institution d'un mode régulier de possession territoriale, chez les cultivateurs hindous, opinion
que nous tenons à justifier et dont le développement aidera, nous en sommes convaincu, à faciliter la solution du
problème que nous poursuivons.

En remontant à l'origine du système raiyotvarry, on
voit que le capitaine, depuis colonel, Read est le premier
qui en ait fait l'application, en 1693, dans les provinces
du Baramahl et celles de Dindigal, cédées aux anglais, par
le gouvernement de Tipou. Les connaissances que le colonel avait acquises dans les lois et institutions, tant civiles
que financières des Musulmans, le portèrent naturellement à y puiser toutes les notions dont il avait besoin pour
organiser le mode de perception qu'il se proposait de créer.
Partisan de la maxime favorite des Musulmans que le souverain a un droit incontestable à la propriété du sol, et
convaincu qu'un cadastre est une imposition telle qu'Akbar, leur empereur, en avait conçu le projet, étaient les
seules voies pour arriver à connaître les véritables ressources du pays, il en fit les éléments constitutifs du système raiyotvarry basé, par conséquent, sur le principe du
droit de propriété nationale et impliquant le cadastre
comme une condition *sine quâ non.*

Nous ne nous arrêterons pas à refuter, ici, l'opinion de
John Briggs revenant, sans cesse, à dire que cette condition
est impossible à remplir, vu la difficulté d'imposer à raison
des variations des récoltes. En admettant, même, cette

---

(1) John Briggs, pp. 389 et 390.

difficulté que nous ne comprenons guère, alors surtout que le classement des terres, tel qu'il se pratique dans l'Inde, depuis bien des années, n'aurait lieu que d'après leur rendement annuel, toujours est-il que l'empereur Akbar y rémédia par une mesure qui, pour n'être pas infaillible, peut-être, n'en est pas moins sûre et surtout rationnelle, ce fut de prendre pour base de l'imposition actuelle des terres leur produit moyen pendant les dix ou vingt années précédentes. Le colonel Read ne crut pas mieux faire que de suivre ces errements; mais à l'œuvre, il s'aperçut que la recette générale produisait une augmentation qui dépassait de beaucoup celle à laquelle on devait raisonnablement s'attendre. Aussi, se hâta-t-il d'abaisser de 5 p. o/o le taux de la redevance qui, de 50 p. o/o, quotité invariablement payée dans le district, fut réduite à 45 p. o/o.

Ce résultat est trop remarquable pour que nous ne le signalions pas à l'attention de nos lecteurs. Il est hors de doute, pour nous, que le cadastre est la seule voie régulière pour arriver à une diminution de redevance, en admettant qu'on trouve que cette diminution soit imminente. Le gouvernement, éclairé sur la quantité réelle des terres mises en culture, sur leur qualité, leur produit; sur le rapport plus ou moins proportionné établi entre leur rendement et la redevance qu'elles payent, se verra, assurément, en position de procéder, avec connaissance de cause, à une révision de l'impôt territorial que nous considérerons toujours comme injuste et vexatoire, tant qu'il ne sera pas également réparti.

Pour ne parler que des Etablissements français de l'Inde où l'on ne cesse de croire que les cultivateurs payent un impôt trop élevé, si le fait est tel qu'on l'articule, nous n'hésiterons pas à prévoir, ici, tout le bien que ne manquera pas de produire un cadastre parcellaire dirigé avec soin par des hommes compétents. Les divers taux servant de base aux redevances territoriales seront nécessairement abaissés, l'opinion générale étant que tels qu'ils sont actuellement établis, ils rendent la culture des terres onéreuse à la population agricole dont ils aggravent plutôt qu'ils n'améliorent la situation.

6

Après avoir examiné et discuté le système zamindary, M. Warren, s'appesantissant sur des offres faites pour l'adjudication des terres possédées à titre de zamindary, offres que l'on avait réduites au tiers du prix du dernier fermage, par suite de la misère du pays, termine par les réflexions suivantes, toutes pleines de vérités d'une preuve facile :

« On pourrait croire que le peuple , en général, gagne « à cette diminution (1), il n'en est rien : dans la plu- « part des provinces la misère des travailleurs est des- « cendue à un degré qui n'en admet pas de plus bas, « et quant aux spéculateurs qui ont hérité du naufrage « des deux premières races de zamindars, depuis dix , « quinze, vingt ans qu'ils sont en possession des zamindarys, « malgré les conditions stationnaires de leur fermage « vis-à-vis du gouvernement et l'augmentation du prix « de toutes les denrées, pas un n'a rien fait, non seu- « lement pour améliorer le sort du raiyot, mais même « pour consolider sa propre existence et préparer une po- « sition à sa famille.., pas un, sur mille, n'affiche même la « prétention de ressentir le moindre intérêt pour le bon- « heur du pays. Ce qui a fait commettre la grande erreur « de confier ce bonheur en de pareilles mains, c'est qu'on « a oublié que le peuple de l'Inde, même des plus hautes « classes et des classes moyennes, n'était pas au niveau « des populations éclairées et civilisées de l'Europe, qui « souvent, presque toujours même, sont en avant de leurs « gouvernements pour l'appréciation de leurs besoins et « leurs véritables intérêts. Le peuple de l'Inde, au con- « traire, est de plusieurs siècles en arrière de ses maîtres ; « il en est encore à son enfance et, comme un enfant, il « s'est servi, pour déchirer ses propres entrailles de l'ins- « trument que, dans un moment de générosité, on lui avait « abandonné pour bâtir lui-même l'édifice de sa prospé- « rité (2). »

---

(1) Il est, ici, question des offres faites à l'adjudication des terres pos- sédées à titre de zamindary, offres qu'on a vu réduites au tiers du prix du dernier fermage, par suite de la misère du pays.

(2) *L'Inde anglaise*, en 1843, par Warren, tome II, pp. 171 et 172.

Ce tableau n'est nullement exagéré. On peut lire les relations des voyageurs, entre autres, celles contenues dans les lettres de Jacquemont, pour se convaincre de l'exactitude d'une appréciation d'autant plus fidèle qu'elle aurait été faite sur les lieux et en présence même des évènements signalés.

Il n'est malheureusement que trop vrai, le peuple de l'Inde, l'immense majorité, surtout, de la population agricole, ignore ses droits, ses privilèges. Les causes auxquelles elle doit d'être indispensable à la société qui l'a toujours traitée en marâtre plutôt qu'en mère tendre et généreuse, lui sont inconnues ! Esclaves depuis l'antiquité la plus haute, serfs depuis quelques siècles seulement, les cultivateurs se verraient encore seuls écrasés de la partie la plus lourde des impôts publics et cela, sans aucun avantage, sans aucune compensation ! A quoi donc attribuer cet état de stagnation, d'immutabilité si ce n'est, d'abord et d'une manière plus ou moins directe, aux invincibles obstacles que les sublimes enseignements du christianisme éprouvent à pénétrer dans l'esprit des hindous et plus particulièrement, au triomphe d'intérêts purement matériels, seuls guides avoués des peuples conquérants qui les ont subjugués.

Qu'il sera beau ce jour où, prenant en main la grande cause de l'humanité, quelque nation puissante, magnanime, guidée dans la bonne voie par l'arbitre des destinées des empires, n'emploiera sa force, ses lumières qu'à la régénération et à la moralisation des innombrables habitants de l'Inde, ne voudra retirer d'autre fruit de sa conquête que leur bonheur, leur égale participation à tous les avantages d'une civilisation plus avancée ! Quand viendra cet heureux moment où l'on pourra, avec la certitude d'en être compris, leur faire entendre ces paroles qu'un amour pur et sincère de la fraternité universelle a pu seul dicter :

« Le travail manuel, avili dans l'antiquité et abandonné
« à ceux que l'on ne regardait pas comme des hommes, a
« été réhabilité par le Christ, fils d'un artisan, qui se con-
« sacra, durant trente années, aux modestes travaux de
« son père, selon la nature; qui choisit, pour répandre la
« bonne nouvelle, douze pauvres travailleurs et glorifia le

« travail manuel et le travail intellectuel en les pratiquant
« également tous deux.

« Depuis ce moment, le travail est devenu chose sainte
« et noble.

« Hommes de l'atelier, hommes des champs, hommes
« du cabinet, nous sommes tous nobles, au même titre,
« au titre du travail. »

Un principe d'administration que nous croyons indispensable pour procurer à la classe ouvrière, toujours et
partout malheureuse, dans l'Inde, la plus grande somme
possible de bonheur; une règle infaillible dont le système
raiyotwarry, proprement dit de la régie, n'est que l'application la plus rationnelle, la plus efficace, c'est que le gouvernement, en supposant qu'une nation européenne en
dispose, doit intervenir de fait et en personne, dans toutes
les transactions intéressant ses administrés, leur faciliter
les moyens de traiter directement avec lui, leur ouvrir les
voies pour arriver au redressement de torts, d'exactions
dont ils auraient à se plaindre. Cette ligne de conduite,
facile à suivre, du reste, aura pour effet, non seulement,
d'éclairer les cultivateurs sur leurs véritables droits, de les
protéger contre les manœuvres qu'emploient les plus
riches d'entre eux pour spéculer sur l'expérience et
l'état de dénûment de la masse généralement plus pauvre;
mais encore, de mettre l'autorité à même de définir, de
modifier, en les légitimant, les rapports, les liens qui rattachent chaque individu au sol qu'il occupe, qu'il exploite,
résultat impossible à jamais si l'on veut laisser subsister
cette foule d'existences oisives qui, sous le prétexte de
faciliter la perception, d'aider au maintien des usages et
des institutions du pays, se glissent entre le gouvernement
et les cultivateurs, pour les tromper, les exploiter sans
pitié. Nous voulons parler des fermiers généraux, de ces
soi-disants grands propriétaires terriers dont il est temps
de se débarrasser irrévocablement.

Qu'on ne s'y méprenne point : si la maxime d'après
laquelle, dans l'Inde, le roi ou le gouvernement dominant
étant seul propriétaire des terres, les habitants ne seraient
que des emphytéotes, si cette maxime, disons-nous, a fait
le tour du monde, c'est qu'elle était la conséquence naturelle, le résultat le plus saillant de l'ancien ordre de choses

que les progrès de la civilisation actuelle ont profondément modifié, surtout en France, mais qui, maintenu dans l'Inde, par suite des invasions étrangères, et des changements successifs de gouvernements, loin d'y avoir fait son temps, comme on pourrait le supposer, tendrait, au contraire, à s'y raffermir, à s'y perpétuer.

D'ailleurs, les Anglais et, avant eux, les Musulmans, ne se sont jamais considérés autrement que comme les suzerains des pays conquis ou cédés à leur gouvernement et dont les princes, réduits à n'être plus que des vassaux tributaires, auraient tacitement et par la pression inévitable des évènements, cessé de jouir en qualité de propriétaires libres et absolus. La propriété de toutes les terres composant leur royaume leur aurait donc échappé pour devenir l'apanage des conquérants plus puissants qu'eux et plus à même de la défendre et de la protéger.

Mais, est-ce un fait regrettable que cette agglomération de la propriété foncière dans les mains, surtout, des nations européennes qui ont conquis l'Inde? Peut-on craindre qu'en reconnaissant le gouvernement seul propriétaire, ce serait ôter aux gouvernés les moyens de le devenir, substituer un nouveau despotisme à l'ancien et prolonger, par conséquent, la servitude du peuple?

Non, nous ne le croyons pas, et cette crainte nous paraît chimérique. Nous comprenons que dans les pays libres, l'État, en s'attribuant la propriété de toutes les terres du royaume, expose les citoyens à redevenir serfs ou esclaves, mais, dans l'Inde, où d'un peuple de serfs, d'esclaves, il s'agit de faire des citoyens, ce qui ne sera jamais possible qu'à un gouvernement européen, le droit absolu de disposer du sol serait la première condition indispensable que ce gouvernement devrait remplir, selon nous, pour y parvenir. Car, l'expérience a démontré que les progrès de la civilisation et de l'amélioration sociale dépendent essentiellement de la propriété territoriale dont l'état normal ou anormal serait, dans tel ou tel pays, la mesure rigoureuse du perfectionnement ou de la dégradation de la société. Sous ce rapport, il faut convenir que c'est bien à la non existence de la propriété privée, du droit inhérent à toutes les classes de la société indistinctement, de prétendre, dans une égale mesure, à l'appropriation du sol, à son occupation, à sa jouissance, à sa libre disposition qu'il faut attribuer le degré d'abaissement moral et de servitude auquel sont parvenus les indigènes dans plusieurs parties de l'Inde. Nous n'y voyons pas d'autre remède, d'autre voie à suivre pour les relever, pour en faire des hommes, des citoyens que la réorganisation de la propriété foncière sur ses véritables bases, que l'adoption d'un régime gouvernemental ayant pour but de développer les qualités natives qui les distinguent et qu'ils tiennent de la fécondité, de la douceur du climat, mais que de barbares préjugés, des pratiques absurdes étouffent en eux, dès l'âge le plus tendre. Aussi, est-ce sur leur ignorance principalement que se fondait le despotisme de leurs souverains, ignorance qu'il est temps de combattre, lors même qu'on y verrait des dangers dont l'appréhension me paraît on ne peut plus puérile. Dissiper cette ignorance, fonder la propriété, en y conviant toutes les castes indistinctement, tels sont les moyens que nous trouvons les plus propres à changer la face des choses dans l'Inde. Mais, ces moyens, qui pourrait mieux les appliquer que les gouvernements européens qui y dominent actuellement ? De quelque manière qu'ils y soient parvenus, quelle que soit l'origine de leur pouvoir, nous n'avons pas à nous en occuper ; il est de fait qu'ils dominent : c'est le premier point incontestable. Le second, qui ne l'est pas moins, c'est le droit de propriété qu'ils se sont attribué sur l'universalité du sol. Morale ou non, légitime ou non, cette appropriation n'en est pas moins le résultat d'un passé irrémédiable. D'ailleurs, les siècles ont marché et les idées avec. Ne serait-ce pas rétrograder, fuir le jour pour rentrer dans l'obscurité que de s'efforcer à revenir à ce qui a été, a la constitution primitive, aux vieilles institutions hindoues, alors, surtout, que les progrès des lumières et de la civilisation rendent ce retour, de jour en jour, plus impossible. Il faut donc s'en tenir à ce qui est, aux faits acquis et dont l'expérience a assez coûté de sacrifices. Acceptons les choses telles que les évènements les ont faites, tâchons d'en tirer des conséquences et n'essayons pas vainement de regarder en arrière de peur de nous immobiliser, de nous pétrifier, pour offrir au flot qui passe une digue impuissante et d'autant plus funeste qu'elle ne fera peut-être que hâter notre submersion.

Nous ne voyons donc, quant à nous, dans cette prétention des conquérants européens à la propriété universelle du sol, produit de leurs conquêtes ou de leur établissement, dans l'Inde, qu'un élément d'ordre, de progrès vers l'amélioration du sort des indigènes, une occasion née d'elle-même, pour ainsi dire, de modifier les bases vermoulues de l'antique société hindoue. Loin de nous en émouvoir, il faut, nous le croyons, nous en applaudir et en faire découler tout le bien qu'il est possible d'en attendre.

Après bien des investigations, bien des études poursuivies et effectuées dans ce but, nous n'avons rien trouvé de mieux, de plus efficace, de plus approprié à l'état actuel des choses que le système de perception connu sous la dénomination anglaise de raiyotvarry-rent, système sur lequel il importe qu'on soit bien fixé.

Basé, ainsi que nous l'avons dit plus haut, sur le principe du droit de propriété nationale et impliquant le cadastre comme une condition *sine quâ non*, ce système aurait pour avantage :

1º De garantir à chaque individu, à perpétuité, une certaine quantité de terre ;

2º D'y restreindre l'impôt, pour toujours ;

3º D'en alléger le poids, conformément aux circonstances, mais sans augmentation possible ;

4º D'empêcher que le cultivateur soit surtaxé par les fonctionnaires du village, pour dîmes paroissiales ;

5º De définir les droits.

Ainsi, le cultivateur auquel on garantit, à perpétuité, une certaine quantité de terre, est à même de l'améliorer, afin de lui faire rapporter le plus possible, de s'y établir avec sa famille, de la considérer, comme une chose dont il lui est donné de jouir, aussi longtemps qu'il remplira les conditions de la possession, qui consistent à payer la part de revenu affecté au fisc.

Secondement, cette part de revenu ne pouvant jamais être augmentée, tout excédant de produit ne profiterait qu'à lui et non au fisc, qui supporterait seul les dépenses à faire pour le creusement de nouveaux canaux d'irrigation, pour la construction, la réparation et l'entretien des ponts, des routes, des digues et étangs, etc.

Troisièmement, en rendant l'impôt invariable, on n'a pas entendu qu'on ne tiendrait pas compte des cas de force majeure : aussi, les remises et les dégrèvements sont-ils de droit étroit pour le gouvernement, d'après la nature même du système raiyotvarry.

Quatrièmement, ignorants, d'un caractère facile à intimider et prets à compromettre l'avenir, pour le moindre soulagement des maux présents, les cultivateurs, dans l'Inde, ont des titres incontestables à la sollicitude des gouvernements dominants et à une sollicitude généreuse et éclairée. Il était impossible de rien imaginer de mieux que le mode dont il s'agit, puisque l'un de ses principaux avantages est d'empêcher les agents de la collecte de surtaxer, à leur gré, les contribuables, d'exiger d'eux d'autre imposition que celle due pour la terre qu'ils cultivent, les affranchissant, ainsi, d'une foule de petits droits extorqués au profit des temples ou mieux des brahmes qui les desservent et dont la perception illégale est une des causes du dénûment des cultivateurs.

Cinquièmement, au déplorable inconvénient inhérent à tous les autres systèmes de possession, d'imposition et de perception usités dans l'Inde, de rendre toujours indécis, toujours incertain, le droit en vertu duquel on occupe, on exploite une terre, inconvénient qui a été et qui sera, longtemps encore, un obstacle à l'institution régulière de la propriété territoriale, dans ces pays-ci, si l'on ne se hâte de le combattre par des moyens propres à en atténuer les effets, il fallait un remède, mais un remède énergique et efficace, appliqué par un pouvoir haut placé et disposant d'une force assez imposante pour être obéi et faire produire à ses actes tout le fruit qu'ils comportent. Ce remède, on le devine peut-être, c'était de définir les droits respectifs du souverain et du cultivateur, moyen dont on ne s'est jamais avisé que depuis l'application du système raiyotvary, le seul entre tous, d'ailleurs, constitué de manière à en permettre la réalisation.

En effet, conséquemment au principe de propriété nationale admis par les Musulmans et les Anglais dont la domination a complètement modifié, si non effacé, les anciennes institutions, le cultivateur, considéré désormais comme un simple colon, est censé ne tenir que du gouvernement local son titre de possession. La propriété du sol attribuée au souverain, quoiqu'elle ne soit au fond qu'une pure fiction, n'en est pas moins, ici, un fait capable de produire les plus heureuses conséquences.

On conçoit qu'il était, d'ailleurs, impossible que cette attribution n'eût pas lieu. La population agricole, esclave dans l'antiquité et serve depuis lors, n'a jamais assez éveillé l'attention et la sollicitude des hommes puissants qui la dominaient, avant les Musulmans et les Anglais, pour qu'il fût permis de croire qu'il n'eut dépendu que d'elle de s'imposer à la société comme une classe indispensable et faisant seule toute la force de l'Etat; d'exiger que ses droits fussent reconnus et respectés. Ce serait s'abuser étrangement que d'admettre une pareille hypothèse. Cela reconnu, aucune tentative ayant pour but de rendre la condition des cultivateurs plus douce, plus supportable n'a donc jamais pu avoir lieu de la part des souverains natifs dont le pouvoir ne reposait que sur l'asservissement de la plèbe, que sur l'ignorance où elle a toujours été de l'étendue et de la validité de ses droits, tentative qui n'eut pas manqué de tourner au préjudice même de la société constituée comme elle l'était sous les rois hindous, en contribuant à émanciper ceux qu'il était de l'intérêt de tous, alors, de tenir dans une perpétuelle dépendance.

Mais, les destinées de l'Inde durent s'accomplir et, avec elles, le fait capital que nous signalons ici. La suzeraineté de l'Angleterre, s'étendant sur toute l'Asie, est, sans contredit, l'évènement le plus considérable qu'il soit possible de signaler dans les fastes de l'histoire des nations et dont l'influence sur l'avenir du pays ne saurait s'imaginer.

Produit le plus remarquable des révolutions qui se sont succédé, depuis une dizaine de siècles, elle semble faite pour séparer l'ancien ordre de choses du nouveau et disposer les misérables peuples de l'Inde à profiter des avantages d'une civilisation plus éclairée, plus amie de l'humanité que la civilisation brahmanique. Reliant, d'ailleurs, l'Occident à l'Orient, l'Europe à l'Asie, par des liens qui ne tendent qu'à se consolider, elle deviendra, espérons-le, le point de départ d'une amélioration progressive des bases sur lesquelles repose la vieille société hindoue, et qui permettra aux peuples et aux gouvernements du pays, plus éclairés, plus disposés à se faire de justes concessions, au point de vue de leurs droits et de leurs devoirs réciproques, de concourir, mutuellement et dans leurs limites respectives, à l'abolition d'absurdes préjugés subversifs de toute idée tendant à une régénération sociale, à une répartition plus équitable des charges publiques, et à l'affranchissement de tous sans nuire à aucun.

Nous considérons, donc, le droit de propriété nationale que les Anglais et les Français, aussi bien que les Musulmans, se sont attribué, dans l'Inde, comme un fait heureux, comme un principe d'ordre dont les résultats ne peuvent qu'être profitables au pays.

Aussi, est-ce en usant de ce droit que les uns et les autres entreprirent de recenser toutes les terres imposées, de les mesurer, d'en dresser le cadastre, afin d'arriver à régulariser l'assiette de l'impôt et à en rendre la perception plus facile; ce qu'ils n'eussent jamais pu, si, continuant à procéder sur les anciens errements, ils avaient persisté à rester dans la même incertitude, dans les mêmes doutes que le gouvernement hindou.

Le cadastre fut donc la conséquence immédiate de la maxime d'après laquelle le gouvernement dominant aurait la propriété collective du sol occupé par les Hindous. Cette conséquence n'est pas la seule ; tous les avantages attribués par John Briggs au système raiyotvar doivent être considérés comme tels. Ainsi, la quantité de terre possédée par chaque individu, une fois déterminée, la fixation de la rente annuelle, les remises et les dégrèvements, les précautions pour empêcher que les cultivateurs ne fussent surtaxés par les agents de la collecte, pour d'autres droits que ceux dus au fisc, devenaient impossibles si le gouvernement dominant ne se fût pas cru investi de la propriété de toutes les terres composant le territoire, parce que, dans cette dernière hypothèse, il eût fallu laisser les propriétaires régler leurs propres affaires comme ils l'eussent entendu ; ce qui n'aurait probablement abouti qu'à perpétuer des abus, des désordres dont on a peine encore à se tirer. Aussi, faut-il reconnaître, en principe, que toutes les fois que l'autorité établie peut intervenir directement dans les transactions concernant les cultivateurs, le devrait-elle, ne fut-ce que pour s'éclairer sur leurs besoins et leurs intérêts et aviser aux moyens de les sauvegarder, but qu'il est impossible qu'on n'atteigne pas avec le système raiyotvar. Bien mieux, d'après ce système, l'objet de cette intervention, tout en profitant au présent, garantirait l'avenir: le gouvernement intervient, non seulement, pour maintenir à chaque cultivateur la jouissance de sa terre, déterminer la quotité de l'impôt et empêcher qu'il ne devienne la proie d'agents rapaces et infidèles, mais encore et surtout, pour définir les droits. Il ne faut pas se dissimuler la portée de cette définition de droits entreprise dans l'intérêt bien compris des cultivateurs ; c'est pour qu'ils en profitent qu'on l'a rendue nécessaire. Menée à bonne fin, elle doit se résoudre en une reconnaissance formelle et irrévocable des prétentions fondées tant sur la libre, permanente et légale jouissance du sol que sur les sacrifices et déboursés faits dans le dessein de se le rendre propre, de se l'appliquer comme un bien disponible, sans restriction aucune et autant que peut l être une chose qu'on a faite sienne, prétentions que la raison humaine, d'accord avec l'expérience des siècles, accepterait comme le seul fondement légitime et moral de la propriété foncière.

Tel serait donc l'objet de cette définition de droit que John Briggs considère, à juste titre, comme l'un des principaux avantages attachés au système raiyotvar. On ne saurait trop s'en féliciter, en présence surtout de ce concours heureux de circonstances qui permet d'espérer que les bases sur lesquelles le système dont-il s'agit tend à faire asseoir l'édifice de la propriété foncière, dans l'Inde, seront de durée et assez solides pour résister aux tourmentes sociales à venir.

Nous venons de faire connaître les avantages résultant du système raiyotvar, d'après John Briggs lui-même ; il convient d'analyser les prétendus inconvénients qu'il y attribue, lesquels consisteraient :

1° A transférer, dans plusieurs cas, aux tenanciers, la propriété des suzerains : l'impôt étant limité à 3o ou à 4o p. o/o du produit brut, il absorbe tout le profit, s'il est perçu en nature ; mais, perçu en argent, à un prix fixe, le poids en devient variable ; et, lorsque la variation tourne contre le cultivateur, elle aboutit à le ruiner ;

2º D'après la nature même de la taxe, les remises sont nécessaires ; et l'imposition s'effectuant annuellement, elle donne issue aux plus grands abus, place perpétuellement le cultivateur et le fonctionnaire du gouvernement dans un état réciproque d'opposition et conduit par là à des chances, d'une part, et à la corruption de l'autre ;

3º En réduisant toutes les classes au même niveau, ce système subvertit l'ordre social établi ;

4º Réclame d'énormes établissements civils et exige des agents doués de talents extraordinaires, de zèle et d'intégrité, dans toutes les parties; et, finalement, c'est une nouvelle invasion dans les anciens usages et institutions du peuple.

Bien que pour apprécier au juste l'opinion de John Briggs, il faille se placer au même point de vue que lui, nous ne pouvons, cependant, nous décider à considérer comme des inconvénients les diverses particularités qu'il déclare être autant de vices à reprocher au système raiyotvar.

D'abord, il n'est pas exact de dire que, d'après ce système, la propriété des suzerains serait transférée aux tenanciers. De quelque manière qu'on l'envisage, ce reproche me paraît incompréhensible. Ou la terre donnée à cultiver était disponible, ou elle ne l'était pas. Dans le premier cas, le gouvernement, en vertu de son droit contestable ou incontestable de propriété universelle, pouvait en disposer ; et, dans le second, il eut été impossible qu'il le fît, non seulement, parce qu'il serait absurde de le voir retirer un champ au détenteur actuel, pour le donner à un autre, mais encore parce qu'il n'aurait eu aucun intérêt à le faire, ce champ déjà exploité et en rapport payant le contingent d'impôt exigible D'ailleurs, quel que soit l'individu qui détienne un champ et à quelque titre qu'il le possède, tout l'intérêt du gouvernement se borne, comme on le sait, à en percevoir l'impôt ; il s'en suit qu'il s'exposerait à se nuire à lui-même, en évinçant gratuitement le possesseur actuel ; car l'exploitation entreprise par celui qui lui succéderait pourrait n'être pas aussi lucrative et contribuer, par conséquent, à préjudicier au trésor. Nous ne pouvons donc admettre qu'au moment de la délivrance, le gouvernement anglais ou français n'ait pas la libre disposition du sol qu'il afferme aux raiyots et nous reconnaissons que les titres que ceux-ci peuvent acquérir à son appropriation définitive seront tout aussi valables que les droits des propriétaires les plus légitimes. Mais, se pourrait-il que, regardant les fermiers généraux tels que les zamindars, les taloukdars, etc., comme des seigneurs suzerains, John Briggs eut voulu dire que la propriété de toutes les terres composant le district affermé leur étant dévolue, par suite du contrat de ferme, le gouvernement anglais ne serait plus en droit d'en disposer ?

Cette objection n'en est pas une ; l'impossibilité d'appliquer le système raiyotvar simultanément avec le système zamindari, n'a pas besoin d'être démontrée. Il faut passer outre.

Reste à examiner le reproche fait à la perception de l'impôt qui, payé en argent, absorberait tout le profit du cultivateur. L'opinion la mieux établie est qu'il faut conserver, dans chaque pays, le mode de perception qu'on y a toujours pratiqué, attendu qu'il est basé sur des causes auxquelles il est impossible de se soustraire et qu'il serait prudent, au contraire, de prendre pour guides, si l'on ne veut se tromper. Ainsi, presque dans toute la partie du sud de l'Inde, où abondent les pays de plaines arrosés par des rivières dont les crues et les débordements périodiques offrent des moyens naturels d'irrigation, la redevance se perçoit en nature. Tandis que dans les pays montagneux où les habitants sont réduits à recourir à des arrosements artificiels, elle se perçoit à un prix fixé en argent. Il va sans dire que les frais de culture coûtent moins avec les arrosements naturels qu'avec ceux artificiels ; d'après les données les plus exactes, il s'agirait d'une différence de 50 p. o/o, les uns étant évalués à 15 p. o/o, du produit brut et les autres à 30 et 33 p. o/o.

Il est à remarquer que, toutes les fois que l'on a été amené à examiner les deux modes de perception usités dans l'Inde, la question de supprimer l'un ou l'autre , afin de n'en avoir qu'un seul uniforme , s'est présentée d'elle-même. Or, à côté de l'opinion de John Briggs qui prétend que la perception en nature est désavantageuse parce qu'elle absorberait tout le profit du cultivateur, on aimera, sans doute , à voir se produire celle de Dalrymple, non moins savant que lui et auteur d'un traité intitulé : « *A short account of the gentoo mode of collecting the revenues on the coast of Choromandel* » et qu'Anquetil Du Perron a analysé dans sa : *Description historique et géographique de l'Inde.*

Après avoir fait connaître la proportion généralement suivie entre la part du laboureur et celle du gouvernement, Anquetil Du Perron ajoute :

« Malheureusement, dans l'Inde, comme ailleurs, l'avi-
« dité fait souvent que la part du *Circar* dépasse 60 p. o/o
« et que cette part abandonnée à des sous-fermiers, qui
« s'engagent à payer en argent, est une source de vexations
«exercées par ces sangsues contre le simple propriétaire.

« M. Dalrymple, continue le même auteur, montre
« avec force les inconvénients de cette gestion de sous-
« fermiers, résout les difficultés que l'on oppose à l'an-
« cien usage de recevoir immédiatement, en nature,la
« portion du produit des terres. Si l'on objecte que ce
« seront des peines, des embarras sans fin, la grande
« question, dit cet Anglais judicieux et sensible, est de
« savoir si le bonheur du peuple et la prospérité du pays
« ne sont pas des objets dignes de la plus grande attention
« et il soutient que (la perception immédiate en nature)
« une fois mise sur un bon pied, les peines, les embarras,
« seront, en comparaison, peu de chose.»

Comme on le voit, les avis sont partagés. En recourant à la pratique, la solution que nous cherchons en ressortira peut-être d'elle-même.

Voyons ce qui en adviendrait si l'on voulait substituer la perception en grains à celle en argent, là où ce dernier mode a été suivi de tout temps. D'abord, à chaque récolte, le fisc interviendrait pour prélever sa part, ce qui privera le cultivateur des chances heureuses d'une seconde récolte dont il profite seul, aujourd'hui, la première ayant suffi à payer la redevance. Ajoutons à cela, que les grands travaux entrepris par le gouvernement dans l'intérêt de l'agriculture ne lui permettront probablement pas d'allouer 3o ou 33 p. o/o de frais de culture, dont la déduction sur le produit brut du champ réduira à presque rien la portion ou l'excédant de récolte à répartir entre lui et le cultivateur. Tandis que, dans les pays où la perception s'effectue en nature, les travaux dont-il s'agit sont presque nuls; ils eussent été inutiles, du reste, avec le système d'arrosement qui consiste à profiter des crues et des débordements périodiques des grands cours d'eau, tels que le Cavéry, etc.; c'est aussi pour cela que le taux règlementaire des frais généraux de culture n'avait été fixé qu'à 15 p. o/o.

La substitution ne profiterait, donc, ni au fisc ni à la culture, ce qui me fait dire que l'opinion de M. Dalrymple, applicable à certaines contrées de l'Inde, ne le serait pas à toutes. Le serait-elle à celles où l'impôt se perçoit en nature? L'expérience l'a démontré.

Ainsi, dans ces dernières contrées, les frais de culture évalués à 15 p. o/o du produit brut, une fois prélevés, les 85 p. o/o qui restent, se partagent en deux parties égales de 42 1/2 p. o/o chacune, entre le gouvernement et le détenteur du sol.

Cette déduction de 15 p. o/o remonterait au gouvernement d'Hyder et de Tipou. Voici ce qu'on lit, à cet égard, dans Barchou de Penhoën, tome Ier pp. 343 et 344:

« D'après le docteur Buchanan, dit-il, qui fit un voyage
« dans le royaume de Mysore, la moisson était partagée
« comme il suit, entre le cultivateur et le souverain, sous
« le gouvernement de Tipou, demeuré le même qu'au
« temps de Hyder. La moisson devait rester dans le champ
« jusqu'au payement de l'impôt; le payement effectué, le
« grain était immédiatement partagé, toujours sur place,
« en un certain nombre de parts ou de tas. Un tas con-
« sistait généralement en cent dix boisseaux de Win-
« chester (chaque boisseau pesant environ trois kilogram-
« mes) qu'on distribuait de la façon suivante : pour les
« dieux, c'est-à-dire pour les prêtres, il était déduit vingt-
« cinq *ser* (chaque ser était le tiers d'un boisseau); pour
« les brahmes mendiants, autant; pour l'astrologue et les

« brahmes du village, un ser chacun; pour le barbier,
« le potier, le porteur d'eau, le *vasaradava*, à la fois char-
« pentier et forgeron, deux ser chacun; pour le me-
« sureur, quatre ser; pour l'*adera*, une sorte de bedeau,
« sept ser; pour le chef du village, huit ser, avec lesquels il
« était obligé de subvenir aux sacrifices du village; pour le
« comptable, dix ser; toutes réquisitions qui demeuraient
« les mêmes, quelle que fut la grosseur du tas, pourvu
« qu'il dépassât vingt-cinq boisseaux. Toutes ces portions
« retirées, le tas de grain était mesuré de nouveau alors
« par *candaca* (mesure équivalant à cinq et demi boisseaux),
« il était déduit un demi ser, pour les gardes de nuit du vil-
« lage; deux ser et demi pour le comptable ; autant pour
« le chef du village; enfin, l'épaisseur d'un pouce au-dessus
« de terre, mêlé à de la bouse de vache, dans le but de
« purifier, devenait le lot du conducteur des eaux. Le total
« de ces diverses déductions, sur un tas de vingt candacas
« ou de cent dix boisseaux, était de 5 1/2 p. o/o sur le
« produit; il revenait, en outre, sur le net, 10 p. o/o au
« collecteur du revenu. Le reste du tas était alors partagé,
« par portions égales, entre le roi et le cultivateur; ce
« dernier n'obtenait qu'à peine une compensation pour
« son travail et les frais de culture; le bénéfice total de la
« terre allait au souverain. »

Mais, en comparant la position des cultivateurs sous le
gouvernement de Tipou à celle que leur avait faite, à Karikal, par exemple, le règlement de culture de 1788, on
ne peut s'empêcher de reconnaître combien elle s'était
adoucie et améliorée. En effet, tout en maintenant à 5 1/2
p. o/o du produit brut, les déductions au profit des
temples, des brahmes, etc, ce règlement leur avait abandonné les 10 p. o/o qu'ils payaient jadis au collecteur du
revenu et cela, par suite du système de la régie substituée
à celui de la ferme. Ces 10 p. o/o s'appliquaient comme
suit : 5 7/12 p. o/o aux coulis et ouvriers employés aux
travaux des champs et 4 5/12 p. o/o aux *visiadors* et aux
gardes champêtres dont les fonctions sont de surveiller les
récoltes, etc. (titre Ier, article 6 du règlement précité).
L'allocation de ces 10 p. o/o au profit des cultivateurs qui,
autrement, auraient eu, non seulement, à les payer aux

collecteurs du revenu, mais à indemniser, en outre, les coulis et ouvriers, ainsi que les visiadors et les taléaris, tous agents indispensables, le gouvernement de Tipou en profitait indirectement, puisqu'elle servait à rémunérer les collecteurs du revenu dont l'intervention rendait inutiles les énormes frais d'administration inhérents à l'ancien système de la régie des terres.

Une autre considération qui explique la modicité des frais de culture, à Karikal, c'est qu'à part les valets de charrue et autres gens de peine dont l'emploi est indispensable et pour lesquels l'allocation de 5 7/12 du revenu brut avait été jugée suffisante, tous les autres frais se réduisaient presque à rien. Ainsi, les terres une fois submergées et fécondées par le limon que les eaux déposent en se retirant, n'ont plus besoin d'autres engrais, il ne s'agit plus que de labourer et semer. Les semailles coûtent, il est vrai, mais fort peu de chose. De sorte qu'à Karikal, ainsi qu'à Yanaon, où la moisson est complètement subordonnée aux crues et aux débordements du Cavéry et du Godavéry, l'inutilité de fumer le sol réduit de beaucoup les frais de mise en culture. Tout se bornerait presque au salaire des manœuvres dont la dépense n'a jamais été considérée, dans l'Inde, comme excessivement ruineuse.

Les frais de culture déduits, la part du détenteur du sol était donc de 42 1/2 p. o/o du produit brut ; mais, comme d'ordinaire, il ne cultive pas sa terre lui-même et laisse ce soin à des sous-tenanciers ou cultivateurs, l'article 10, titre IV, du règlement précité, a prévu ce cas et décidé que : « les habitants ou propriétaires aux-
« quels il ne conviendrait pas de cultiver eux-mêmes
« leurs terres, ne pourront faire avec les sous-habitants ou
« cultivateurs des conditions moindres que celles de 25
« sur les 42 1/2 p. o/o assignés par le règlement auxdits
« habitants ou propriétaires. Il en résultera que lesdits
« 42 1/2 p. o/o sur le produit des récoltes étant égaux
« (pour simplifier le calcul) à quatre-vingt-cinq parties,
« l'habitant ou propriétaire se réservera le tout, s'il est
« en même temps propriétaire et cultivateur, et que, dans
« le cas où il ne serait que simple propriétaire, et non

7

« cultivateur, il se réservera, seulement, trente-cinq par-
« ties et tiendra compte des cinquante autres au sous-
« habitant ou cultivateur. »

Ainsi, sur sa part de 42 1/2 p. o/o du produit brut, le
détenteur du sol en abandonnait 25 p. o/o au cultivateur,
et il lui restait encore 17 1/2 p. o/o; ce qui représente, en
définitive, le profit qu'il retirait de l'exploitation de son
champ.

Or, ce seul cas suffirait pour démontrer que le reproche
fait par John Briggs à la perception en nature, laquelle,
d'après lui, absorberait tout le profit du cultivateur, est
mal fondé et que ce mode de collecte, pas plus que celui
en argent, ne saurait être rendu applicable, d'une manière absolue, à toutes les provinces de l'Inde, indistinctement.

Nous passons au second grief relatif aux remises à accorder aux cultivateurs, pour les cas de force majeure,
remises qui sont de l'essence même du système raiyotvar.
L'obligation de dégrever constitue, il est vrai, une charge
pour le gouvernement, mais cette charge tourne aussi bien
à son avantage qu'à celui du cultivateur qui, n'ayant pas la
propriété du fonds, ne peut, en droit strict, supporter seul
toutes les conséquences d'une perte de récolte causée
par une sécheresse ou par tout autre accident fâcheux.
En accordant des dégrèvements, le gouvernement y
gagne, car les encouragements donnés à l'agriculture,
dans un pays où ses produits contribuent, dans une forte
proportion, à alimenter les revenus publics, ne sont jamais
perdus; plus la population agricole sera protégée, moins
le trésor courra le risque de voir diminuer ses recettes.
Or, à quelque point de vue que l'on se place, la nécessité
de dégrever résultant du système raiyotvar ne saurait être
considérée comme une chose regrettable, en admettant
même que les cultivateurs en profiteraient plus que le gouvernement.

A propos de cette question, John Briggs fait observer
que l'imposition s'effectuant annuellement, elle donne
issue aux grands abus, place perpétuellement le cultivateur et le fonctionnaire du gouvernement dans un état réciproque d'opposition et conduit, par là, à des chicanes,
d'une part, et à la corruption, de l'autre.

Mais, sont-ce bien là des inconvénients ? Nous craignons que John Briggs n'y ait pas pris garde. D'abord, il faut se rappeler que le système raïyotvar est le plus moderne de tous, qu'en l'organisant tel qu'on le trouve établi, il a été tenu compte de l'expérience déjà acquise dans l'administration des revenus territoriaux, et que c'est précisément pour éviter le vice signalé par John Briggs, vice inhérent au mode de règlement dépassant le terme d'une année, qu'on a réduit à cette période la durée des contrats dits *patta* délivrés aux cultivateurs, d'après le système raïyotvar. On comprend, d'ailleurs, que plus l'échéance des baux sera éloignée, plus il deviendra difficile de constater les abus inséparables de toute institution de ce genre, de faire droit aux réclamations des cultivateurs et de statuer sur les rapports des agents de la collecte. Tandis qu'il est bien plus avantageux qu'à la fin de chaque année de culture, le collecteur ou le fonctionnaire chargé de la liquidation, se transporte dans les aldées, se fasse représenter les comptes, écoute les réclamations et les rapports qu'on a à lui soumettre et y attache sa décision. En procédant ainsi, on est sûr d'écarter les difficultés qui tendent toujours à s'accumuler, à devenir d'autant plus inextricables qu'on en aura ajourné l'examen, de déjouer les intrigues des agents de la perception et le mauvais vouloir des contribuables. Somme toute, le reproche de John Briggs s'adresserait mieux, je crois, à tout autre système qu'au mode raïyotvar qui ne saurait s'y prêter, en aucune façon.

Le troisième grief consiste à dire qu'en mettant toutes les classes au même niveau, ce système subvertit l'ordre social établi.

John Briggs n'est pas le seul qui l'ait dit; Campbell, d'accord en cela avec le revenue-board de Madras, non seulement pense comme lui, mais renchérit sur l'opinion déjà émise, en en modifiant les termes. Ainsi, ce ne serait plus seulement au même niveau que le système raïyotvar réduirait toutes les classes de la société hindoue dont il subvertirait l'ordre établi, mais bien au niveau le plus bas! *To the lowest level!* (1) C'était pousser l'argument

____

(1) *A paper on the landed tenures of India*, by A. D. Campbell esq^re of the Madras civil service, p. 83.

aussi loin que possible, sans trop se soucier des résultats auxquels on s'exposait.

Le premier et le plus grave de tous, c'est que, dans un pays où, d'après la loi elle-même, l'agriculture, les rudes travaux qu'elle comporte, seraient jusqu'aujourd'hui abandonnés, que dis-je, réservés aux classes inférieures, il était de la dernière inconséquence, pour des hommes tels que John Briggs, Wilks, Campbell, et autres, d'attribuer, comme ils l'ont fait, au système raiyotvar, l'inconvénient d'abaisser toutes les classes du peuple hindou au même niveau. Il faut qu'ils ne se soient nullement préoccupés des éléments essentiels de la propriété foncière, de ses bases, les seules véritables, pour avoir émis une opinion aussi étrange ; il faut que, tout en cherchant le bonheur des Hindous, ils se soient trompés de voie; car, est-ce en les laissant plongés dans la division et les préjugés de caste qu'on parviendra à améliorer leur sort ? Est-ce en accordant à certaines classes de la société des avantages, des prérogatives qu'on refuserait aux autres qu'on réussira à les rapprocher, à les confondre de manière à ce qu'elles puissent résister, aux causes de ruine qui les cernent, les pressent de toutes parts ? Est-ce en persistant à faire de la propriété une institution aristocratique et féodale, en en rendant la jouissance exclusive et particulière aux plus riches, qui la considéreraient comme un privilége attaché à leur personne et à leur rang, qu'on aboutira à la constituer de sorte qu'elle soit en rapport avec le degré de civilisation auquel il est à désirer que les Indiens finissent par atteindre ? Non, nous ne le pensons pas. Mais, ne l'oublions pas : les lumières sont trop répandues et les peuples ne s'en remettent plus à ceux qui les gouvernent du soin de veiller à tout ce qui peut contribuer à leur bonheur et à leur émancipation. Grâce aux conquêtes et aux progrès de l'esprit humain, les nouvelles idées ne couvent plus sous le boisseau, étouffées soit par le despotisme religieux ou par la tyrannie des rois ; elles veulent le grand air et c'est au sein de la plèbe, de cette masse qui ne demande qu'à monter et à s'élever au-dessus du niveau qu'on veut lui imposer qu'elles aiment à germer, à pousser des rejetons d'autant plus vigoureux et

pleins de sève que les racines en sont profondes. L'égalité, tempérée par une sage liberté et réglée en vue du bien
général, n'est-ce pas la face lumineuse du nouveau phare
destiné à éclairer la terre, à régénérer le vieux monde, à
le pousser dans les solitudes inconnues que la Providence
réserve aux découvertes de l'intelligence de l'homme? Qui
ne reconnaît, aujourd'hui, qu'en dehors de ce principe
essentiel, le seul vrai, le seul capable de rendre à l'homme
toute sa dignité, de le replacer dans sa noble condition
d'être libre et pensant d'où l'ont précipité les préjugés des
siècles barbares, il faut se réduire à considérer l'existence
et l'individualité des peuples qui n'en jouissent pas, comme
compromises et destinées à s'absorber insensiblement
dans celles de leurs envahisseurs ou de leurs conquérants?
Or, et pour nous borner à l'Inde, il est de fait qu'après de
pénibles épreuves, des recherches les plus consciencieuses,
on a été assez heureux pour découvrir un moyen, le seul
commode, nous dirons mieux, le seul radical, d'initier
les Hindous à ce puissant élément de bonheur et d'avenir,
de les y conduire sans violence, sans commotion, comme
avec la main et par une pente toute naturelle; et ce
moyen, c'est le produit le plus remarquable d'une série
d'expériences faites dans un but d'utilité publique et avec
un désir ardent de connaître la vérité; c'est le fruit le
plus fécond des études, des efforts tentés par des hommes
distingués, tout aussi patriotiques et aimant leur nation et
les pays conquis avec tout autant de dévouement que les
John Briggs, les Wilks et les Campbell; ce moyen qui
donnerait la possibilité de convier tous les Hindous à la
jouissance des mêmes droits, sans distinction de caste ni
de couleur, avec la certitude de fonder sur l'agriculture
et sur le travail manuel qu'on rehausserait aux yeux de
l'Indien et qu'il importe de lui faire considérer comme
ennoblissant et non comme avilissant, puisqu'ils servi-
raient de base au droit le plus sacré, le plus inviolable,
celui de la propriété; ce moyen n'est autre pour nous
que le mode de perception connu sous le nom de raïyot-
var-rent trouvé par le colonel Read, appliqué et régu-
larisé par le colonel Thomas Munro, depuis Gouverneur
de Madras. Est-il nécessaire que nous fassions ressortir,

ᶦci, tous les avantages de ce mode nouveau qui, à peine ᶜonnu, devient l'objet des attaques, des critiques les plus ᵛives de la part d'hommes expérimentés et instruits qui n'ont pas hésité à le défigurer, à y trouver des vices que, dans tout autre cas, ils n'auraient peut-être pas manqué de considérer comme des avantages inappréciables ? Ce serait revenir sur tout ce que nous avons dit. D'ailleurs, ces avantages ressortent assez d'eux-mêmes et avec d'autant plus d'évidence que John Briggs et Campbell ont mis de soin à les signaler, en s'attachant, toutefois, à les convertir en inconvénients tellement graves que l'ordre social en serait menacé.

Sans prendre le change avec eux, il importe pourtant de saisir les vrais motifs qui les ont déterminés à une pareille déclaration de principes. D'abord, supposer qu'ils aient voulu jusques mêmes dans l'appropriation du sol par sa culture, introduire les catégories et les distinctions qui infestent les hommes au point de vue de presque tous les autres faits sociaux, ce serait leur faire injure ; car, la terre n'admet pas, ce nous semble, que des mains nobles la cultivent et la possèdent de préférence à celles qui ne le seraient point ; on irait ainsi plus loin que l'antiquité qui avait cru devoir réserver, elle, l'exploitation du sol aux plus infimes, aux esclaves. D'un autre côté, on s'exposerait bien plus encore à méjuger ces auteurs, si l'on admettait qu'ils eussent ignoré la véritable nature de la propriété foncière et qu'ils l'eussent considérée autrement que comme un droit civil ou naturel, n'importe. Or, s'agissant d'un droit, et d'un droit si peu restrictif que celui de la propriété que l'ignorance et l'absolutisme seuls peuvent ne pas rendre accessible à tous, l'exclusion des uns au profit des autres leur a, sans doute, paru incompatible avec tous les enseignements de l'esprit humain. Partant, qu'est-ce qui donc a pu les fasciner et les porter à se contredire au point de stygmatiser, comme ils l'ont fait, le système raiyotvar dans lequel ils auraient vu une tendance trop prononcée à réduire toutes les classes du peuple hindou au même niveau ? Question embarrassante au premier aspect, mais dont la solution est à la portée de tous ceux qui se sont préoccupés, quelque peu, de la domination des Anglais et de leur système de gouvernement dans l'Inde.

Ici, nous le savons, la vérité impose des obligations avec lesquelles on ne saurait transiger. Mais, l'histoire est un livre ouvert dans lequel il faut lire sans passion comme sans prévention, maxime qui, pour être difficile n'en est pas moins obligatoire. Nous tâcherons donc de nous en écarter le moins possible.

Personne ne doute, assurément, que les Anglais occupent l'Inde bien plus pour eux-mêmes que pour les Hindous et qu'il est de leur intérêt de s'opposer à tout ce qui pourrait troubler cette occupation, comme de favoriser, au contraire, tout ce qui contribuerait à la rendre stable et aussi avantageuse que possible à la métropole. Pour atteindre ce dernier but, qu'ils ne perdent jamais de vue, ils ont trouvé que rien ne les y conduirait plus vîte et plus sûrement que le maintien de toutes les institutions, de tous les usages du pays, règle de conduite qu'ils adoptèrent avec d'autant plus d'empressement qu'elle se conciliait merveilleusement avec leur politique, mais à laquelle pourtant il ne faudrait pas se méprendre, par la raison qu'elle est on ne peut plus spécieuse et nous dirions même blâmable, au fond, quoique très-irréprochable et très-plausible en apparence. En effet, l'intérêt de l'humanité, celui de sa propre conservation exigent qu'on ne touche en rien ni à la religion, ni aux lois, ni aux préjugés, ni aux usages des peuples conquis, si l'on ne se propose que de les rançonner, comme les Grecs le firent à l'égard des Indiens, sous Alexandre; mais, si l'on tient à sa conquête et qu'on veuille la garder, se l'approprier, la question n'est plus la même : le rôle de conquérant cesse et se change en celui beaucoup plus grave, beaucoup plus pacifique, de chef d'Etat, de conservateur et de régénérateur, au besoin.

Dans le premier cas, le simple bon sens nous dit qu'il est inutile, qu'il serait même barbare d'obliger un peuple chez lequel on n'a pas le dessein de s'établir, un pays où l'on ne veut pas se naturaliser, ni dominer longtemps, de le contraindre à renverser ses temples et à fouler aux pieds ses divinités et toutes ses croyances, pour en accepter d'autres, pour obéir à d'autres lois, à d'autres mœurs contraires au climat et au caractère des individus qui l'habitent. Rien ne justifierait une pareille entreprise qui pouvait convenir aux siècles de barbarie, mais nullement aux temps où nous vivons.

Dans le second cas, dans celui où la conquête n'est qu'un moyen de s'ouvrir, par exemple, un débouché pour son commerce, avec un peuple nouveau et où, après la conquête, au lieu de se borner à un échange de produits, à de simples établissements de commerce, on réussit à s'emparer du gouvernement de ce peuple, à le soumettre à d'autres lois pénales qu'à celles qui lui étaient particulières, à administrer, enfin, le pays comme un bien à soi; dans ce cas, disons-nous, le bonheur, le bien-être de ce peuple deviennent choses sacrées et d'obligation étroite pour ceux qui l'ont conquis et subjugué; et si les institutions, les mœurs locales sont telles qu'elles s'opposent à l'accomplissement de cette obligation, l'on ne serait que trop coupable de ne pas les modifier par des mesures douces et conciliantes, poursuivies avec persévérance et énergie. Mais, se croiser les bras et se dire : l'avenir de notre domination, de notre occupation dans l'Inde dépend exclusivement de la servilité des peuples qui l'habitent, du respect des lois et des institutions qui favorisent cette servilité, des préjugés invétérés qui contribuent à l'enraciner, à en faire presqu'une condition d'existence pour ces peuples; travaillons donc à entretenir leur asservissement, leur aveuglement, et n'allons pas follement nous exagérer l'importance d'un affranchissement, d'une émancipation impossible et dont il faut considérer l'avènement comme une de ces utopies, de ces chimères bonnes tout au plus à faire l'objet d'une spéculation philosophique ou économiste, mais qu'il serait dangereux et nuisible à nos intérêts de voir se réaliser. Et le monde d'applaudir à la politique anglaise qui leur a soumis le vaste empire de l'Inde ! Mais, cette politique que rien ne rebute, qui triomphe des obstacles les plus invincibles, est-elle morale ? C'est ce qu'il ne nous appartient pas d'examiner, ici; nous avons dit le mobile qui la fait agir; qu'on en tire les conséquences.

Pour y aider, nous allons tâcher de nous livrer à

quelques considérations qui s'écarteront peu, du reste, de notre sujet auquel elles nous ramèneront tout naturellement.

Il ne faut pas de grands efforts pour démontrer que la liberté et l'égalité ne sont pas ce que consacrent les lois et les institutions hindoues et nous ajoutons, sans craindre d'être démenti, qu'il n'en faut pas, non plus, pour admettre comme vrai, comme incontestable que la propriété est aussi un de ces grands principes sociaux qui ne pouvaient faire l'objet de ces lois et de ces institutions, par la raison que les éléments en sont les mêmes que ceux sur lesquels reposent la liberté et l'égalité.

Comme preuve à l'appui de ce que nous avançons, nous établirons un troisième fait, qui n'est, du reste, que le corollaire des deux premiers, c'est que le caractère despotique attribué par tous les écrivains, par tous les voyageurs, aux gouvernements asiatiques, est une de ces vérités dont on ne saurait contester l'existence.

Cela posé, l'on a aujourd'hui assez étudié la question de la propriété foncière pour savoir à quoi s'en tenir sur son essence et sur sa véritable condition. Or, qu'est-ce que la propriété sous un gouvernement despotique ? Notre réponse, nous la puiserons dans l'article déjà cité de M. Troplong :

« Voyez, dit-il, les gouvernements où règne le despo-
« tisme ; la propriété y est dépendante, parce que l'homme
« n'y est pas libre. Voyez dans les états aristocratiques,
« au moyen-âge, par exemple, la propriété libre, pleine,
« entière, n'est l'apanage que de quelques privilégiés,
« parce que les hommes n'y sont pas égaux. »

Nous ne nous demanderons pas si les Indiens se considèrent comme tous égaux entre eux, si leur gouvernement dominé, pressuré par l'aristocratie religieuse personnifiée dans les brahmes, était ou non un gouvernement essentiellement despotique ; si tous, ils concouraient, dans une égale mesure, aux avantages de la société organisée comme elle l'était sous leurs souverains légitimes ? Ces questions sont résolues, il y a déjà longtemps ; mais, si l'on s'enquérait pourquoi ce peuple, l'un des premiers civilisés de la terre, est resté presque en état de servage, toujours disposé à accepter pour maîtres les premiers conquérants venus ? Nous répondrions, sans hésiter : c'est parce qu'il n'a jamais joui de la propriété instituée comme elle doit l'être et qu'il l'a toujours considérée comme un privilège et jamais comme un droit. Les singulières restrictions auxquelles les législateurs hindous ont soumis le droit d'habitation, inhérent au droit de propriété, sont une des mille raisons que nous pourrions faire valoir à l'appui de l'opinion que nous émettons ici. Mais, nous en choisirons une beaucoup plus décisive par cela même qu'elle nous semble moins sujette à contestation.

La meilleure méthode, la plus logique du moins, c'est de rapprocher les doctrines des faits, de définir les causes par les effets qu'elles produisent. Si ce n'est pas là un moyen infaillible, c'en est un assurément dont la certitude est la moins équivoque. Or, examinons un peu quel a été le résultat de la propriété foncière en France ?

A une époque où tous les esprits s'agitent pour pénétrer le fond des choses, la question qui nous occupe ne pouvait rester incomprise et ne donner lieu qu'à des notions vagues et incertaines. On l'a donc creusée comme tout le reste et il s'en est suivi que, lors même que le mot de propriété ne serait qu'une abstraction, une idéalité, l'objet qu'elle sert à définir est une réalité, une chose palpable qui tombe sous les sens. De toutes les opinions publiées, à cet égard, la suivante nous semble être celle qui a approché le plus de la vérité ; l'idée qu'elle donne de la propriété est d'autant plus compréhensible que l'expression en est plus simple. Nous ne trouvons rien de plus clair et de plus explicite que la formule suivante : *C'est la propriété qui, des esclaves de l'antiquité et des serfs du moyen-âge, a fait des citoyens.* Voilà, en quelques mots, toute l'histoire de la société civile, en France.

Mais, cette formule ne saurait s'appliquer qu'aux peuples libres, qu'à ceux qui s'efforcent de le devenir, qui travaillent, sans relâche, à la revendication, à la reprise de leurs droits. Quant aux Indiens, plongés dans la pratique de préjugés absurdes, dans une servitude morale qu'on s'évertue à entretenir par toutes les voies praticables, elle ne leur est d'aucune application. Courbant le front sous le joug; ils ne se soucient nullement de le secouer, et, quelque lourd qu'il leur soit, il leur semble toujours léger et doux, pourvu que ceux qui le leur imposent ne se mêlent ni de leur culte, ni des privilèges inhérents à leur caste. N'est-ce pas le comble de l'erreur que de vouloir faire de la société hindoue, constituée comme elle l'a été jusqu'à présent, une société basée sur la propriété qui, de sa propre nature, implique l'égalité de droits la plus absolue. Commençons donc pas effacer toutes les divisions de caste, avant que de songer à l'institution régulière de la propriété territoriale, par faire comprendre à ce peuple, produit d'une civilisation liberticide, stationnaire et rétrograde que le paraeya et le tchandala, membres de la caste réputée la plus vile, qui auraient de quoi acheter une propriété, qu'elle soit située au centre de la ville ou au milieu des champs, doivent être libres de le faire, et qu'il ne saurait y avoir de loi, d'ordonnance de police au monde qui pût les empêcher d'en jouir comme d'un bien à eux appartenant, c'est-à-dire, sans restriction aucune.

Nous avouons qu'un tel progrès peut paraître difficile, quant à présent ; mais, pourquoi en désespérer ? Et d'ailleurs, cette difficulté n'est pas ce que nous regrettons le plus; ce qui nous parait le plus déplorable, c'est l'inconséquence des économistes anglais dont nous avons parlé plus haut et qui, au lieu de favoriser, par leurs écrits, l'établissement du système raiyotvar, d'en faire ressortir les avantages, les propriétés infaillibles dans le sens de l'émancipation sociale des Hindous, de se saisir de ce moyen comme d'une occasion facile pour ce peuple d'entrer dans une nouvelle voie de progrès et d'amélioration, se sont attachés, obstinés, pour ainsi dire, à le décrier, à le condamner, comme subversif de l'ordre social actuellement établi. Et, nous le déplorons d'autant plus qu'ils avaient la conscience de ce qu'ils faisaient, que, dominés par des intérêts politiques, par des raisons qu'on préconise et qu'on met toujours en avant, en les qualifiant de raisons d'Etat, ils n'ont pas balancé à sacrifier le bonheur des innombrables et malheureux indigènes, pour l'avenir de l'occupation anglaise dans l'Inde.

Encore un coup. Quelque pénible qu'il soit de pénétrer

le dessein qu'ont eu John Briggs, Campbell et leurs adhérents d'insister, comme ils l'ont fait, sur cet inconvénient supposé du système rayotvar, de contribuer à confondre les rangs, à réduire toutes les classes du peuple à un même niveau, on ne saurait se dispenser, pourtant, d'envisager leur opinion sous toutes ses faces, afin de ne pas s'exposer à être taxé de prévention ou de légèreté à leur égard.

Le mode de perception connu sous la dénomination de raiyotvar-rent n'est, à vrai dire, que la résultante de la maxime d'après laquelle le gouvernement anglais s'est constitué propriétaire absolu de toutes les terres composant le territoire soumis à sa domination. Or, ces terres doivent être, ce nous semble, à la disposition de tous ceux qui demandent à les cultiver, moyennant redevance, à quelque classe ou caste qu'ils appartiennent ; et le gouvernement, ayant seul le droit de les distribuer, ne saurait le faire en distinguant le brahme du paraeya, le modéliar du pally, en les préférant les uns aux autres, sans courir le risque de laisser le sol inculte et abandonné. En effet, sont-ce les individus qui se prétendent supérieurs aux autres, en d'autres termes, sont-ce les classes élevées qui fournissent des bras à l'agriculture ? Ne sont-ce pas, au contraire, les classes moyennes et serviles ? Or, en adoptant les principes posés par John Briggs et Campbell, il faudrait procéder, par voie d'exclusion ; il faudrait ne permettre l'exploitation du sol qu'aux classes élevées et la refuser aux classes moyennes et serviles : ce qui aboutirait, précisément, au résultat dont ces deux écrivains se sont tant préoccupés et qu'ils voudraient prévenir ; ce serait se mettre en désaccord avec la loi de Manou qui considère l'agriculture comme un moyen d'existence blâmé des hommes de bien. D'un autre côté, en ne la rendant accessible qu'aux classes moyennes et serviles, et en la défendant, par conséquent, aux classes élevées, on tomberait, à coup sûr, dans un inconvénient qui ne le céderait en rien à celui qui vient d'être signalé ; on consacrerait un état de choses auquel il s'agit, au contraire, de remédier ; on fortifierait, enfin, la croyance populaire qui veut que les travaux agricoles ne soient que le lot, le partage des plus infimes, des esclaves, croyance qu'il faut combattre de toutes ses forces, par tous les moyens possibles et avec d'autant plus d'espoir de réussite que la tradition ne justifierait point la base sur laquelle reposent les privilèges et les distinctions de castes.

La question est délicate et mérite qu'on s'y arrête. Nous y consacrerons la troisième partie de cet essai.

TROISIÈME PARTIE

Parlons d'abord de la division du peuple hindou en quatre classes ou ordres institués par Manou. En rapprochant et en combinant les dispositions législatives concernant les Brâhmanes, les Kchatriya, les Vaisya et les Soudra, on demeure convaincu que, purement politique, cette division, pour tout ce qui regarde le civil, n'aurait point l'importance qu'on y attache.

Sans chercher à multiplier, ici, les preuves sur lesquelles nous fondons cette assertion, nous nous bornerons à faire ressortir les règles que le législateur a tracées relativement au mariage que les Hindous, autant que tous les autres peuples et davantage peut-être, considèrent comme l'acte le plus sérieux, le plus important de la vie. Il est de fait qu'entre tous les rapprochements que l'habitude de vivre ensemble opère entre les individus habitant le même pays, ceux créés par les alliances matrimoniales sont incontestablement le moins équivoques et le plus propres à faire apprécier, à leur juste valeur, les inégalités sociales qui frappent tout d'abord; en d'autres termes, si ces inégalités ne sont que purement nominales et d'ordre public ou réelles et fondées sur la nature même de la condition et de la position de chaque individu. Il nous est impossible, nous l'avouons, d'assigner ce dernier caractère aux catégories imaginées par Manou et de les considérer comme uniquement basées sur un principe de division inhérent à la naissance et à la condition sociale des individus dont elles se composent.

Voici quelques-unes des règles dont nous avons parlé plus haut :

« Un Soudra ne doit avoir pour femme qu'une Soudra ;
« un Vaisya peut prendre une épouse dans la classe ser-
« vile et dans la sienne ; un Kchatriya, dans les deux
« classes mentionnées et dans la sienne propre ; un Brâh-
« mane, dans ces trois classes et dans la classe sacerdo-
« tale. » *Manou*, liv. III, çloka 13, page 73.

Ainsi, Manou permet le mariage entre les quatre classes.
Or, si elles pouvaient contracter des alliances entre elles,
leur condition sociale était donc égale ? Mais, par une de
ces contradictions qui ne trouvent leur justification que
dans les préjugés des peuples et qui font voir une fois de
plus qu'aucune loi, qu'aucune institution humaine n'est
parfaite, le législateur hindou, après avoir posé le principe et admis toutes les conséquences, si bien que le mode
de partage, en cas d'alliances de Brâhmane, de Kchatriya
et de Vaisya, avec une Soudra, serait prévu et réglé,
comme s'agissant d'un fait compatible avec les mœurs locales (voir les çloka 149 et suivants du liv. IX), le législateur hindou, disons-nous, se dédit, en se rendant incon-
séquent avec lui-même, en se donnant le plus formel
démenti.

Or, voici ce qu'il ajoute immédiatement après le çloka
13 du liv. III, déjà cité, comme un correctif, sans doute,
des dispositions qu'il a d'abord formulées et qu'il n'a pas
osé écarter, vu qu'elles avaient pour base la tradition qui,
si l'on en croit les Védas, ne reconnaîtrait ni n'admet-
trait aucune distinction, soit de classe, soit de caste.

Çloka 14 : « Il n'est rapporté, dans aucune ancienne
« histoire, qu'un Brâhmane ou un Kchatriya, même en
« cas de détresse, ait pris pour première femme une fille
« de la classe servile. »

Çloka 15 : « Les Dvidjas, assez insensés pour épouser
« une femme de la dernière classe, abaissent bientôt leurs
« familles et leurs lignées à la condition de Soudras. »

Çloka 16 : « L'épouseur d'une Soudra, s'il fait partie de
« la classe sacerdotale, est dégradé sur-le-champ, selon
« Atri, et le fils d'Outathya (Gotama) ; à la naissance d'un
« fils, s'il appartient à la classe militaire, au dire de So-
« naça ; lorsque ce fils a un enfant mâle, s'il est de la
« classe commerçante, selon Bhrigou.

Çloka 17 : « Le Brâhmane qui n'épouse pas une femme
« de sa classe, et qui introduit une Soudra dans son lit,
« descend au séjour infernal ; s'il en a un fils, il est dé-
« pouillé de son rang de Brâhmane. »

Çloka 18 : « Lorsqu'un Brâhmane se fait assister par
« une Soudra dans les offrandes aux Dieux, les oblations
« aux mânes et les devoirs hospitaliers, les Dieux et les
« mânes ne mangent pas ce qui leur est offert, et lui-
« même n'obtient pas le ciel pour récompense d'une telle
« hospitalité. »

Çloka 19 : « Pour celui dont les lèvres sont polluées
« par celles d'une Soudra, qui est souillé par son haleine,
« et qui en a un enfant, aucune expiation n'est déclarée
« par la loi. »

Lecteur, ne vous hâtez point de conclure ! Aux çloka
que vous venez de lire et où le législateur hindou s'est
efforcé de répandre son indignation contre l'union d'un
Brâhmane avec une Soudra, union qu'il déclare être une
souillure sans expiation possible et sans exemple en aucun
temps, opposez les suivants du liv. IX, et votre opinion
probablement ne sera plus la même.

Çloka 22 : « Quelles que soient les qualités d'un homme
« auquel une femme est unie par un mariage légitime, elle
« acquiert elle-même ces qualités, de même que la rivière
« par son union avec l'Océan.

Çloka 23 : « Akchamàlà, femme d'une basse naissance,
« étant unie à Vasichta, et Sàrangi étant unie à Manda-
« pàlà, obtinrent un rang très-honorable. »

Çloka 24 : « Ces femmes-là et d'autres encore, *égale-*
« *ment de basse* extraction, sont parvenues dans le monde
« à l'élévation par les vertus de leurs seigneurs. »

La contradiction nous semble manifeste et le démenti
formel. Si, d'après Manou lui-même, l'union d'Akchamàlà
à Vasichta et celle de Sàrangi à Mandapàlà, sont des
exemples d'alliances de personnes appartenant à des
classes nobles et serviles, sa déclaration qu'il n'est rapporté dans aucune ancienne histoire qu'un Brâhmane ou
un Kchatriya, même en cas de détresse, ait pris pour première femme une fille de la classe servile, ne se comprend
pas. D'un autre côté, justifier l'élévation, la participation

des femmes de basse extraction aux vertus de leurs époux d'un rang comparativement supérieur, c'est reconnaître, assurément, la convenance et la validité des liens contractés par ceux-ci.

Mais, rien ne nous semble plus contradictoire que la prescription contenue au çloka 157 du livre IX et conçue en ces termes : « Il est ordonné à un soudra d'épouser « une femme de sa classe et non une autre. » Lorsqu'on vient à la rapprocher de ce que mentionne le çloka 335 du même livre où il est dit : « Un soudra, pur d'esprit et « de corps, soumis aux volontés des classes supérieures, « doux en son langage, exempt d'arrogance, et s'attachant « principalement aux brâhmanes, obtient une naissance « plus relevée. »

Donc, malgré l'abjection de son état, abjection que le législateur hindou s'est donné le soin de déclarer irrévocable, le soudra peut obtenir une naissance relevée. Mais, l'obtention d'une naissance relevée implique nécessairement l'alliance avec les classes supérieures que l'on peut et que l'on doit même considérer, sinon comme le seul, mais au moins comme le principal avantage à recueillir pour le soudra. Or, la lui défendre, tout en l'encourageant à s'élever, à sortir de sa condition, n'était-ce pas le leurrer, le bercer d'un fol espoir, lui promettre un bien négatif, une récompense d'autant plus illusoire qu'il ne lui serait jamais permis d'en jouir ?

Des anomalies de cette nature se rencontrent à chaque pas dans les lois de Manou, si l'on voulait s'attacher à les examiner, à les commenter avec soin. Et pourtant, tous ceux qui en ont parlé n'ont pas manqué de signaler la prétendue sagesse qui les caractérise, opinion que nous trouvons hasardée, et voici pourquoi. C'est qu'en considérant même le temps, le lieu, les hommes et les choses auxquels ces lois devaient s'appliquer on ne peut que déplorer combien elles ont dû retarder le progrès des idées par les inégalités et les prérogatives sociales qu'elles furent les premières à consacrer; combien elles ont dû révolter la morale, la justice, la conscience universelle par l'établissement, pour les mêmes délits, pour les crimes semblables, de pénalités différant selon le rang et la classe auxquels appartenaient les coupables; combien elles ont dû ménager de déceptions aux classes laborieuses, aux plus utiles de la société, en les conviant à des droits, à des avantages dont il ne leur était permis de jouir que sous le bon plaisir, qu'à la convenance de ceux qui les tenaient asservies et les exploitaient, sans merci, appelant à leur aide la religion et les sciences qu'ils avilissaient, ainsi, par le triste usage qu'ils en faisaient !

Un exemple frappant de la facilité avec laquelle les législateurs hindous ont abusé de l'influence et de l'empire de la religion pour accorder aux classes privilégiées des licences, des franchises dont ils sevraient les classes inférieures, ce sont les règles d'abstinence consignées dans les çloka suivants dû livre V des *Lois de Manou*.

« Çloka 31 : Manger de la viande seulement pour l'ac-
« complissement d'un sacrifice a été déclaré la règle des
« dieux ; mais agir autrement est dit la règle des géans. »

« Çloka 36 : Un brâhmane ne doit jamais manger la
« chair des animaux qui n'ont pas été consacrés par des
« prières (mantras) ; mais qu'il en mange, se conformant à
« la règle éternelle, lorsqu'ils ont été consacrés par les
« paroles sacrées. »

Nous ne signalerons pas ce qu'il y a de contradictoire entre ces dispositions et celles contenues dans le çloka 83 du livre X déjà cité, par lequel il est ordonné aux brâhmanes, ainsi qu'aux kchatriyas, d'éviter le labourage, travail qui fait périr des êtres, etc. En effet, comment concilier la défense de se livrer à l'agriculture qui, au point de vue du législateur hindou, serait une occasion de meurtre, mais évidemment une occasion médiate, indirecte et s'appliquant, surtout, à des êtres dont on peut à peine percevoir l'existence, avec la permission de sacrifier des animaux, d'en manger la chair lorsqu'elle aura été consacrée par des prières, permission qui impliquerait un acte immédiat, direct et intéressant des êtres se mouvant sous nos yeux, un acte qui consisterait, en dernière analyse, à égorger un animal, à le dépécer, à voir couler son sang, palpiter ses entrailles encore fumantes, toutes particularités plus faites pour exciter la pitié, réveiller la sensibilité que la vue d'un soc enfonçant dans la terre. Mais, la raison n'en est pas difficile à trouver. Les travaux agricoles étant ce qu'il y a de plus pénible, dans l'Inde, les classes supérieures durent s'en affranchir, et, pour justifier aux yeux de la multitude l'inégalité de charges qui a dû en résulter, elles prétextèrent la pratique des vertus, comme si l'obligation d'être vertueux n'était pas la même pour tous, à quelque rang de la société qu'on appartînt. Aussi, le malheur de naître dans une classe inférieure s'aggravait-il de tout le poids de chaînes forgées par des lois injustes et barbares, chaînes d'autant plus cruelles qu'il fallait s'y résigner, quelque réelles que fussent les aspirations vers le bien, vers la liberté !

Inutile de faire ressortir, d'une part, cette inconséquence du législateur qui, après avoir admis que le meurtre de tout ce qui a vie nuit à la pratique des vertus, raison pour laquelle il aurait défendu l'agriculture aux classes élevées, a cru devoir permettre les sacrifices de victimes et l'usage de leur chair, et de l'autre, la nature complexe d'une disposition qui, tantôt se transforme en prohibition et tantôt en tolérance. En effet, la chair consacrée ou non par des prières n'en est pas moins de la viande provenant d'animaux dont on a causé la mort. C'était tout bonnement exploiter la crédulité publique ou pousser à l'excès la foi dans les prières que de décider qu'il suffisait d'en réciter quelques mots pour justifier le meurtre dans les cas prévus, et oublier que le principe d'abstinence dont il s'agit, ici, était trop absolu pour qu'il fût permis d'y apporter des exceptions.

Or, c'est précisément à ces exceptions, d'autant plus fâcheuses qu'on en a faussé les conséquences, que nous nous arrêterons pour démontrer combien les lois de Manou renferment de disparates, de vices devenus des causes plus ou moins directes de la division des castes, de l'abaissement, de l'avilissement des unes et de l'élévation des autres. Ainsi, il est de notoriété publique que la tâche indélébile qui s'attache au front du tchandala, qui le souille, qui le place au dernier degré de l'échelle sociale hindoue, consiste principalement dans la violation de la règle d'abstinence prescrivant de ne manger que des viandes offertes aux dieux ou consacrées par des prières. Mais, comment se fait-il que les vellajas et autres castes élevées qui mangent des viandes de boucherie, le bœuf excepté, sans qu'elles soient consacrées par des prières , n'en continuent pas moins à être considérées dans le pays, à y conserver leur rang et leurs prérogatives; tandis que le paraeya qui ne fait, pourtant, que les imiter, est qualifié de Tchandàla, de meurtrier et repoussé comme tel ? Si, par une dérogation injustifiable à la loi absolue qui défend le meurtre et dont l'observance serait telle qu'elle aurait été étendue, même aux choses existant dans le sein de la terre, choses que l'homme de bien, l'homme voué à la pratique des vertus doit éviter de détruire, en s'abstenant du labourage qui l'y exposerait, le législateur a cru pouvoir permettre de sacrifier des animaux et d'en manger la chair, dès lors, se nourrir de viandes ne serait donc plus, absolument parlant, une cause d'avilissement (nous venons de rappeler que les vellajas en sont un exemple parlant), et tout se réduirait à un manquement aux observances religieuses, manquement dont le casuel des brâhmanes, qui pouvaient seuls, comme appartenant à la classe sacerdotale, consacrer les viandes, devait se ressentir plus que tout le reste. Voilà pour ce qui concerne l'état primitif des choses.

L'état actuel n'en est pas moins déplorable. Mais, l'expérience, qui est un puissant correctif, achèvera de démontrer, espérons-le, l'absurdité de ces divisions qui sont un élément de débilité, de mort pour les Hindous! Ainsi, déjà plusieurs castes, malgré l'injurieuse qualification de tchandàla qu'on leur avait appliquée pour les opprimer, les avilir, sont parvenues à faire oublier, à rapprocher la distance qui les séparait de celles qui se prétendaient leur être supérieures, il n'y a pas trente ans. On peut citer entr'autres, la caste des souraires ou individus qui extraient le jus du cocotier, celle des huiliers exploitant des moulins, celles des macouas ou pêcheurs, celles des villis ou chasseurs , etc., qu'on avait repoussées, jusqu'à ce jour, comme basses castes, attendu qu'elles se composeraient de tchandàla.

Nous ferons remarquer que la règle suivie pour la classification des souraires , des huiliers, des pêcheurs, des villis, etc., comme des tchandàlas, ne manquerait pas de logique. Tchandàla dérive du mot sanscrit tchandu, qui signifie : destruction. » Le souraire est un tchandàla, parce qu'en coupant la spathe dont il recueille le jus, il empêche la formation de la noix qui sert à la reproduction du cocotier qu'il détruit, par conséquent. L'huilier également est un tchandàla, car, en broyant dans son moulin le sésame ou toute autre graine oléagineuse, il en détruit la substance et empêche, par conséquent, la reproduction de la plante. Les chasseurs et les pêcheurs le sont à *fortiori*, la chasse et la pêche n'étant que le produit de la destruction.

Heureusement que l'on revient beaucoup de ces préjugés incroyables, véritables brandons de discorde que la politique des gouvernements dominants a longtemps attisés, mais que le progrès des idées est à la veille, sans doute, d'éteindre complètement. Déjà, les huiliers et les souraires ont reconquis une partie des priviléges réservés aux vellajas et aux autres castes élevées; les uns se qualifiant de chettiar et les autres de cramany, traitent d'égal à égal avec les membres les plus marquants de ces dernières, chaussent la babouche et vont même en palanquin, prérogatives dont ils ne jouissaient pas, il y a vingt ans. Espérons que les autres catégories de tchandàla, parmi lesquelles nous comprenons les paraeyas, parviendront également à se rapprocher des castes priviligiées, à effacer la ligne de démarcation qui les en sépare, afin de ne plus faire qu'un seul et même peuple !

Quelque difficile que l'on puisse considérer ce résultat, il ne nous paraît pas impossible. Du reste, le pouvoir qui entreprendrait d'y atteindre, aurait mille fois raison, non seulement en théorie, mais même en pratique. Qu'on nous permette de le démontrer.

Que n'a-t-on pas fait, de nos jours, pour soutirer à l'autorité locale, une décision qui déclarât basse la caste palli, de par la loi ? Mais, grâce à son bon sens, à sa haute sagesse, l'autorité locale comprit qu'on ne peut abaisser, ni relever une classe du peuple, par une ordonnance, et la tentative échoua; applaudissons-nous en (1) !

---

(1) L'arrêté suivant expliquera le fait rapporté :
Nous, Gouverneur, etc.
Nous étant fait représenter le procès-verbal de la délibération du

Mais, voyons un peu ce qui serait advenu, si elle avait réussi ? Les pallis déclarés être une basse caste, les padaéyassis, les odéans, les naïks, les poullés, les modélys qui ne les considèrent point comme tels, puisqu'ils communiquent avec eux, les laissent pénétrer dans l'intérieur de leur maison, les prennent pour domestiques, etc., auraient dû l'être également, les uns et les autres appartenant à une profession commune qui est l'agriculture, ainsi qu'on peut s'en assurer par les données suivantes :

Les trois subdivisions de l'ancienne classe des vaisyas subsistant encore, bien qu'elles aient beaucoup perdu de leur importance et de leur splendeur primitive, on les désigne sous les dénominations de:

Dhana-vaisya : commerçants (plutôt banquiers ou financiers).

Bhu-vaisya : agriculteurs.

---

comité consultatif de jurisprudence indienne de Pondichéry, sous la date du 9 avril 1833, contenant l'avis du comité en réponse à cette question à lui renvoyée par le Tribunal de première instance : « la caste pally est-elle une basse caste ou non ?» et comportant ledit procès-verbal une réponse affirmative de cinq membres du comité et négative de quatre autres membres ;

Vu les réclamations à nous adressées contre l'avis sus-daté ;

Et vu également l'article 32 de l'ordonnance du 30 octobre 1827 portant création, à Pondichéry, d'un comité consultatif de jurisprudence indienne, composé de neuf membres, lequel dispose que l'Administrateur général, aujourd'hui Gouverneur, *peut réformer les avis du comité, s'il y a lieu*;

Vu enfin l'art. 23 de la même ordonnance portant expressément que le texte de la loi doit être inséré dans le procès-verbal des délibérations en langue malabare ou la déclaration qu'il n'en existe pas ;

Considérant, en fait, que le procès-verbal de la délibération sus-datée du 9 avril 1833, ne mentionne aucun texte de la loi hindoue, ni la déclaration qu'il n'en existe pas ;

Avons arrêté et arrêtons ce qui suit :

Art. 1er. Le procès-verbal de la délibération du comité consultatif de jurisprudence indienne de Pondichéry, du 9 avril 1833, sur la question de savoir si la caste palli est une basse caste ou non, est annulé.

Art. 2. Transcription du présent arrêté sera faite en marge de la délibération sus-mentionnée par le greffier du comité.

Art. 3. L'avocat général, chef d'administration de la justice, est chargé de l'exécution du présent arrêté, qui sera enregistré partout où besoin sera.

Donné etc., etc.

(119)

Gó-vaisya : possesseurs de troupeaux.
Et plus communément, sous celles de :
Vànikar : marchands.
Ujavar: cultivateurs.
Idaeyar: bergers.

A ces trois souches principales doivent être ramenées ces innombrables distinctions de castes qui n'auraient pour principe que le bon plaisir des administrés et la tolérance ou la faiblesse des gouvernements dominants dont la déplorable politique a été, jusqu'à ce jour, d'accueillir, d'appuyer les prétentions respectives des castes, sans se donner la peine d'examiner si elles sont ou non fondées et s'il convient ou non de les maintenir.

Pour en revenir aux pallis et aux vellàjas placés aux deux extrêmités de l'échelle , ils appartiennent incontestablement à une seule et même classe qui est celle des agriculteurs (bhu-vaisya). Car, l'on sait que les vellajas, qui se qualifient de modéliars et de poullés, tirent leur nom du mot tamil *vellànmae* signifiant charrue, culture, agriculture, d'où est dérivé *vellalan* ou *vellàja*, expressions synonymes dont on se sert pour désigner ceux qui vivent de la culture des terres et en font profession. On sait aussi que les *padial* ou *panéal*, autrement dit les valets de charrue, les manœuvres, sont presque tous de la caste palli, et, un très-petit nombre seulement de la caste paraeya. En rapprochant ces notions de ce vieux dicton populaire dont s'indignent les castes supérieures, mais que les castes moyennes et serviles savent appliquer au besoin et souvent très à propos, à savoir que le *palli* enrichi devient *padaeyassi*; le *padaeyassi, kavoundan*; le *kavoundan, udaèyan*; l'*udaèyan, naïkan*; le *naïkan, pillae*; et le paraeya, *modéli*; on se demande à quoi se réduisent ces différences de castes , à quoi les attribuer sinon aux inégalités sociales dont la fortune et l'éducation, surtout, sont les principaux éléments, les seules causes occasionnelles.

Quant à certaines autres distinctions et privilèges de castes que les Hindous admettent et reconnaissent de nos jours, rien ne nous déterminerait à en faire remonter l'origine au delà des premières invasions étrangères dans l'Inde. Produit de la conquête et d'un régime social dont le début a dû être marqué par des luttes sanglantes entre les peuples conquérants et les peuples conquis, ces distinctions et privilèges ont probablement pris naissance ou se sont étendus sous l'influence d'un pouvoir dont le principal mobile, pour ne parler que des Musulmans, était l'intérêt religieux, la conversion aux préceptes du Koran. Parmi les vaincus, ceux qui se montrèrent dociles à la voix des nouveaux apôtres durent être le plus favorisés. Autorisés à se créer, à s'attribuer telle ou telle prérogative, tel ou tel privilège que le gouvernement dominant leur concédait et leur assurait, parce qu'il y trouvait évidemment son avantage, ils durent en abuser. Aussi, si les uns ont imaginé d'adopter le costume des vainqueurs, de se vêtir d'une longue robe à la mameluck, au lieu d'une pagne, de renoncer à l'antique sandale, pour chausser la babouche mogole ou persane, les autres sont-ils allés beaucoup plus loin, en s'arrogeant, par exemple, le droit absolu et exclusif d'habitation et de passage dans certaines rues, dans certains quartiers de la ville ; de là la division de la population urbaine surtout, en main droite et en main gauche, ayant chacune ses rues et ses quartiers respectifs, ce qui n'a pas peu contribué à circonscrire encore le droit déjà si restreint de propriété, en admettant, toutefois, que les institutions hindoues aient eu pour objet de l'établir d'une manière régulière. De même que tous ne jouiraient point de la liberté de se faire précéder d'un grand tambour, de porte-enseignes, etc., ou de monter en palanquin ou d'aller à cheval, prérogatives qui ne se justifieraient pas autrement que par la concession que les conquérants musulmans ou autres, en auraient faite aux castes qui y prétendent, de même, aussi, tous également ne seraient point admis à acheter, à leur convenance, une propriété située dans telle ou telle rue, par cela seul qu'il ne leur serait point permis, non seulement d'y habiter, mais même d'y circuler à l'occasion d'un mariage ou d'un enterrement, conséquences déplorables de cette facilité avec laquelle l'autorité prend en main la défense ou le maintien des prétentions de telle ou telle caste, au lieu de les faire rentrer toutes dans le droit commun, alors qu'il s'agirait surtout, d'un droit aussi absolu que celui de la propriété, aussi peu exclusif et restrictif que celui de passage ou d'habitation dans n'importe quelle rue ou quel quartier de la ville que ce soit.

Il est de fait que les Hindous habitant le territoire français sont des sujets français et, comme tels, soumis aux mêmes lois que celles qui nous régissent, sauf quelques rares exceptions. Admis à jouir des avantages que ces lois leur assurent, ils ne peuvent en éviter les inconvénients. Or, aucune loi administrative ou civile n'attribuant à une moitié de la population le droit de passer dans certaines rues à l'exclusion de l'autre moitié, les Indiens doivent nécessairement être astreints à renoncer à leur division de la main droite et de la main gauche, et la police n'intervenir, dès lors, que pour assurer la circulation et faire en sorte que force reste à la loi.

D'ailleurs, croire que toute la main droite se soulève, et s'amasse pour empêcher un membre de la main gauche de passer là où il ne le devrait pas, c'est se tromper évidemment. Des intrigants, des hommes sans aveu, fauteurs de troubles et de désordre, voilà, à peu près, ceux qui ordinairement se portent les défenseurs des prérogatives appartenant à l'une ou à l'autre main. Il ne faudrait donc qu'ouvrir l'œil et ne pas prendre surtout des motifs de vengeance privée ou personnelle pour des causes de vindicte publique.

Nous avons peut-être beaucoup trop insisté sur la division des castes. Mais les développements dans lesquels nous sommes entré nous ont paru nécessaires pour démontrer combien il est facile de battre en brèche, de démolir pièce à pièce l'inextricable base sur laquelle elle repose. Il nous semble que nous, peuples civilisés, nous ne devrions pas attacher plus d'importance qu'il n'en faudrait aux priviléges et aux prérogatives que s'attribuent les Indiens, ni nous dispenser, par conséquent, de procéder par des voies plutôt égalitaires qu'exclusives. Or, le sytème raiyotevar, proprement dit de la régie, nous en donne les moyens. Profitons-en, appliquons-les, ne fut-ce que dans l'intérêt sacré de l'humanité, de la morale et de la justice. Convions tous les Indiens, sans distinction de caste, à la

jouissance des mêmes droits, des mêmes avantages ! Brahmanes , vellajas, paraeyas, faisons-les égaux devant les
hommes, comme devant Dieu et devant la loi, en les rendant tous également l'objet de notre sollicitude et des
efforts que nous tentons pour leur bonheur commun !
Que l'humble paraeya ne soit plus considéré comme le
rebut de ses semblables, que sa demeure ne soit plus réputée impure, ignoble et réléguée par nous, comme par le
législateur hindou, à la distance la plus éloignée possible
de celle des autres castes (1), que sa servitude cesse,
enfin (2), et faisons en sorte qu'admis à cultiver, à s'approprier le même sol que ceux qui le repoussent, il puisse se
croire leur égal par le travail et le devenir avec l'appui que
nous devons lui prêter.

En définitive, loin de regarder comme un inconvénient
le résultat attribué , par John Briggs et Campbell, au
système de perception dit raiyotwar-rent, résultat qui ne
tendrait à rien moins qu'à causer une funeste perturbation
parmi les diverses classes de la société hindoue, en les
réduisant toutes au même niveau, les nombreux développements auxquels nous venons de nous livrer nous portent,
au contraire, à le considérer comme un avantage incontestable et dont il faut s'applaudir, tout en s'efforçant à
en faire découler les précieuses et salutaires conséquences
auxquelles il se prête.

En ce qui concerne le quatrième et dernier grief for-
mulé contre le même système, par les auteurs précités,
nous le diviserons, afin de pouvoir mieux y répondre.

Premièrement, la nécessité d'avoir de nombreux établissements civils et des agents ayant des talents extraordinaires, du zèle et de l'intégrité, dans toutes les parties
du service, ne doit pas être regardée comme un écueil
qu'on ne saurait aborder que sous peine d'y échouer. Mais,
tout est relatif, plus ou moins. Il ne faut pas, ce nous

---

(1) « La demeure des Tchandala (Paraeya) et des Svapaka (cordonniers),
« doit être hors du village. » Manou livre x, Çloka 51.

(2) « Un Soudra, bien qu'affranchi par son maître, n'est pas délivré
« de l'état de servitude : car cet état lui étant naturel, qui pourrait l'en
« exempter ? Manou, livre VIII, Çlôka 414.

semble, des hommes extraordinairement doués pour présider à la collecte d'un village ou d'un district indien et pour débrouiller les comptes de perception d'autant plus faciles à régler, d'après le système raiyotevar, qu'ils ne peuvent embrasser que la courte période d'une année. Somme toute, et en admettant même les objections soulevées par John Briggs, l'allégement des charges qui pèsent sur les cultivateurs, leur bien-être, sont assurément choses trop sérieuses pour ne pas éveiller toute la sollicitude du gouvernement. Aussi, nous bornerons-nous à répondre à cet auteur qui nous paraît s'être trompé, sous ce rapport, en empruntant les propres expressions de M. Dalrymple, son compatriote, tout aussi dévoué que lui, tant aux intérêts de son gouvernement qu'à la prospérité du pays :

« La grande question, a dit M. Dalrymple, est de savoir « si le bonheur du peuple et la prospérité du pays ne doivent « pas être l'objet de la plus sérieuse attention (1). »

Ces paroles sont assez significatives pour dispenser de tout commentaire.

Relativement à la subversion des anciens usages et institutions du peuple hindou, nous avons déjà examiné cette grave et importante question, à l'occasion du troisième grief et ne pouvons que nous référer aux développements que nous y avons donnés.

Tel est le système raiyotevar auquel le gouvernement anglais s'est déterminé, après une série non interrompue d'expériences poursuivies avec persévérance pendant près d'un siècle, système dont nous avons essayé de faire ressortir les précieux avantages, tout en démontrant l'injustice et le mal fondé des attaques et des reproches dont il a été l'objet de la part d'écrivains, d'ailleurs, justement considérés.

En attribuer l'invention aux Anglais, c'est se conformer à l'histoire du pays, depuis la fondation de leur empire

---

(1) *Description historique et géographique de l'Inde* par Anquetil du Perron, tome II. p. 238. Se reporter à la note où se trouve le passage cité : «*The great question is whether the happiness of the people and prosperity of the country are not objects of the utmost attention.*»

dans l'Inde. En effet, le système dont il s'agit a été le résultat de leurs conquêtes. Organisé tel qu'il l'a été par eux et impliquant, comme principe, la fiction de la propriété nationale et, comme conséquence, le cadastre et le morcellement des terres, il explique pourquoi la propriété privée n'a pas encore atteint son apogée, ce degré de perfectionnement dont elle est susceptible, pourquoi, enfin, elle est restée féodale, parquée dans des castes et inabordable à tous indistinctement, c'est-à-dire, à l'état de privilège, au lieu de s'élever à la hauteur d'un droit, afin de se trouver conforme à sa véritable essence.

Pour terminer ce qu'il nous reste encore à dire relativement à la domination musulmane et anglaise, dans l'Inde, nous allons analyser, aussi succintement que possible, les mots *Malik, Ashraf, Bhagdar, Pattidar, Mirasdar, Djanmikar, Kaniyatchikar*, usités dans diverses parties de l'Inde, pour désigner des individus jouissant du droit d'hypothéquer, de vendre, ou de délaisser les terres qu'ils détiennent, mots sur lesquels Wilks et John Briggs se fondent, comme nous l'avons déjà fait observer, pour en déduire la preuve de l'existence de la propriété privée, à titre absolu, exclusif et incommutable, chez les Hindous.

D'après la loi, le droit d'hypothéquer, de vendre, de délaisser s'applique tout aussi bien à l'usufruit qu'à la propriété d'un immeuble. Ce n'est pas parcequ'un individu est apte à exercer ce droit qu'il faille le déclarer plutôt propriétaire qu'usufruitier; à Pondichéry, par exemple, l'adamanaire qui, autrefois, hypothéquait ou délaissait le champ qu'il possédait, qu'il cultivait n'exerçait point un droit de propriété, mais seulement un droit d'usufruit.

En second lieu, aucune des dénominations précitées de malik, d'ashrâf, de bhagdàr, de pattidàr, de mirasdàr, de djanmikàr, de kanyatchikàr, ne comporterait, n'entraînerait, d'une manière absolue, l'idée d'un droit, exclusif et incommutable de propriété, ainsi que l'on peut s'en assurer par les explications technologiques que nous donnons ci-après:

1° Màlik est un mot arabe et signifie tout aussi bien possesseur que propriétaire. Or, on peut être possesseur sans être propriétaire. La qualification de màlik, de même que toutes celles dont nous allons parler, ne s'emploie pas pour désigner seulement un propriétaire, mais tout individu disposant librement d'une chose, à quelque titre que ce soit;

2° Ashràf est également un mot arabe, employé au pluriel pour signifier des nobles, gentilshommes, des hommes d'une haute naissance. Inutile de démontrer qu'on n'est pas propriétaire par cela seul qu'on est noble ou gentilhomme;

3° Bhàgdar se compose de *bhàg* qui, en sanscrit, veut dire part, portion, et de *dàr*, participe actif du verbe persan: *dàshtan* (avoir, posséder). Bhàgdar signifie donc portionnaire, qui a droit à une part, à une portion de quoi ce soit, acception qui n'entraîne pas l'idée exclusive de propriété;

4° Pattidar est également un composé de sanscrit et de persan : *patti*, dans la première de ces deux langues, veut dire : ordre écrit ou patente, et, réuni au participe persan: *dàr* (ayant, possédant) forme le mot pattidàr qui ne signifierait, dès lors, que possesseur ou porteur de titre, mais d'un titre concédant l'usufruit ou la propriété, c'est ce qu'il est impossible de distinguer;

5° Mirasdàr est formé du mot arabe *miras* signifiant droit et du participe persan: *dar* (ayant, possédant). Mirasdàr ou ayant-droit, à quoi? Est-ce à la propriété ou à l'usufruit? Evidemment, c'est à l'un ou à l'autre, mais rien n'indique que c'est plutôt à la propriété qu'à l'usufruit;

6° Djanmikar, mot sanscrit composé de *djanma* (vie, naissance) et de la particule *kàr* (agent, créateur). Djanmikar, c'est-à-dire qui a un droit de naissance; mais comme on peut hériter, par droit de naissance, de l'usufruit ou de la propriété d'une chose, propriétaire par droit de naissance n'est pas l'acception exclusive du mot djanmikar;

7° Kàniyàtchikar. En recourant au *Dictionnaire tamil et anglais* du Rév. P. Rottler, le seul, sinon, le plus complet, le plus accrédité de tous les dictionnaires publiés, jusqu'à ce jour, dans ces deux langues, voici les explications qu'on trouve au mot kàni:

Kàni : ce mot a le même sens que urindou, çondam,

qui signifient propriété, possession, droit de possession, droit héréditaire : urimaé.

Kànimàniyam: un champ, etc., franc d'impôt.

Kàniyàlan: un héritier de biens fonds.

Kaniyàtchi : le même que kàni, possession, héritage.

Kaniyàtchiùr : un village ou une ville héréditaire.

L'acception du mot kàniyàtchikar, composé de *kaniyatchi* (possession, héritage) et de la particule sanscrite *kar* (agent, créateur), n'entraîne pas, comme on vient de le voir, l'idée exclusive de propriété; ce qui, du reste, se concilie, parfaitement, avec la définition admise par le savant Ellis, célèbre par de nombreux travaux dans la langue tamile et dont l'opinion, sur ce point, mérite d'être connue.

Dans la note rapportée par le major Wilks, à la page 168 du chapitre V de son *Histoire du Maïssour*, et faisant connaître l'étymologie donnée par Ellis, au mot kàniyàtchi, on lit la définition suivante : « Kàni, dans le haut tamoul, a le sens général de propriété; mais dans le bas tamoul, il ne s'applique, avec cette acception, qu'à la propriété foncière seulement : de sorte que le composé signifie littéralement droit absolu de propriété d'un bien-fonds ». Evidemment, kaniyàtchi comporte le sens de droit absolu de propriété comme il admet celui de droit absolu de possession, d'usufruit; les textes cités plus hau tne permettent pas d'en douter.

A cette nomenclature presque complète, des termes spéciaux employés, dans l'Inde, pour désigner des individus disposant, plus ou moins librement des terres qu'ils possèdent, nous croyons devoir ajouter celui de zamindàr, composé de *zamin* (terre) et du participe *dàr* (ayant ou possédant.) Dans le principe, on ne l'appliquait qu'aux fermiers; mais, depuis l'organisation du système zamindari, par les Anglais, détenteurs et fermiers s'appelèrent et continuent à s'appeler zamindars (1).

Or, le sens de droit absolu de propriété ne ressortant pas d'une manière exclusive des mots qui viennent d'être expliqués, l'argument que Wilks, John Briggs et

---

(1) John Briggs, pages 225 et suivantes.

Campbell en ont tiré pour conclure que la propriété à titre absolu, privé, exclusif et incommutable, a existé ou mieux aurait été instituée sur une base régulière, chez les Hindous, tombe de soi-même et ne doit plus nous arrêter.

Maintenant, passons des mots aux choses, et pour abréger, autant que possible, bornons-nous à ces deux seules questions : Qu'est-ce que le droit appelé miras ? Qu'est-ce qu'un mirasdar? Questions, aujourd'hui, soigneusement approfondies et dont l'examen suffira, nous le pensons, pour nous aider à résoudre toutes celles qui, par la nature de l'objet auquel elles se rapportent, pourront se ranger dans la même catégorie.

Qu'est-ce que l'on entend par miras ?

On entend par miras, au point de vue général, un droit qui se transmet héréditairement, et, au point de vue particulier, un mode de possession spécial à l'Inde. D'après les recherches et, par suite des rapprochements auxquels on s'est livré, il a été reconnu que les trois mots : djanmam, kàniyatchi et miras, appartenant, le premier, à la langue sanscrite, le second, à la langue tamile et le troisième, à la langue arabe, sont synonymes et employés à désigner tout ce qui se transmet par droit de naissance, par droit d'hérédité. Aussi, dans cette large acception qu'on peut restreindre ou étendre à volonté, s'appliquent-ils, indistinctement, à tous les biens soit corporels ou incorporels, meubles ou immeubles, propriétés ou usufruits qui composent une succession. Or, ces mots comportant, tout à la fois, le sens de droit de propriété et celui de droit d'usage ou d'usufruit, on ne peut, ce nous semble, leur assigner, seulement et exclusivement, la première signification, sans commettre une faute contre les langues dont ils dérivent, observation que nous avons déjà faite et qui ressortira mieux encore de ce qui va suivre.

L'analyse la plus complète qu'on ait donnée du mode de possession connu sous la dénomination anglaise de meerassee-tenure, est celle consignée dans le rapport, en date du 4 décembre 1820, publié par le Revenue Board de Madras et que Campbell, dans son opuscule intitulé : *A paper on the landed tenures of India*, a résumée de la manière suivante :

« Le Board du revenu, discutant à fond la question du
« droit de miras, a reconnu que la loi commune de l'Inde
« est que la jouissance du droit de miras reposant sur une
« terre, soumet à l'acquittement de l'impôt public ou de
« la redevance due au Gouvernement qui, à défaut de pa-
« yement se trouve libre de disposer, ainsi qu'il le jugéra
« convenable, de cette terre, comme si elle avait été
« laissée inculte ; et soit qu'il la transfère à un autre, pour
« être possédée, comme elle l'a déjà été, c'est-à-dire à
« titre de miras, à tenure permanente, donnant droit au
« concessionnaire de vendre sa concession ; soit qu'il la
« concède à titre de ulkudi ou possession perpétuelle et
« héréditaire, mais sans droit de vente ; soit qu'il la
« donne à titre de parakudi ou simple possession tempo-
« raire, c'est un point dont la décision est abandonnée à la
« discrétion de l'autorité administrative, la tenure primi-
« tive ayant été compromise par le fait d'avoir laissé la
« terre inculte et de n'avoir pas payé la redevance due au
« Gouvernement (1). »

Les définitions et les distinctions admises par le Revenue Board de Madras sont trop importantes pour ne pas
nous y arrêter un moment, afin d'en considérer toutes les
conséquences.

Premièrement, si, comme le prétendent Wilks, John
Briggs, Campbell et autres, le mode de possession dit
meerassée-tenure implique la propriété pleine, entière,
absolue, incommutable du sol, non seulement la simple
éviction, pour cause de non payement de la redevance,
applicable indistinctement aux terres cultivées à miras
et à celles qui le sont à ulkudi, à parakudi, etc., tendrait
à une contradiction, à une confusion regrettable de choses
essentiellement opposées, mais encore bien incompréhensible, bien inique serait la loi reconnue commune à toute
l'Inde et en vertu de laquelle la terre, une fois réunie au
Domaine de l'État, soit pour avoir été laissée inculte ou
pour n'avoir pas acquitté la rente due au Gouvernement,
peut être ou vendue, ou concédée, ou affermée ou
louée, par le fisc qui, en cela, n'agirait que selon son bon

____

(1) Campbell, page 86.

plaisir. En effet, de deux choses l'une : où la tenure dite à miras implique nécessairement et fondamentalement la propriété individuelle et exclusive du sol, et alors la terre devrait être vendue aux enchères publiques, au profit de celui qui en est le détenteur, en d'autres termes, expropriée comme s'il s'agissait d'un bien particulier et, par suite, possédée par le nouveau détenteur comme elle l'a été par l'ancien, c'est-à-dire, à titre de miras à tenure permanente, héréditaire et avec droit de vente; ou la tenure dite à miras n'a pour objet qu'une propriété précaire, conditionnelle et essentiellement restreinte, au point de différer à peine de l'usufruit, et alors l'éviction pure et simple, le retour au domaine de l'Etat et la réexploitation à titre ou de miras, ou d'ulkudi, ou de parakudi, n'aurait rien d'incompatible avec le véritable caractère de la possession qui, conséquemment et comme nous venons de le dire, approcherait plus de l'usufruit que de la propriété. Telle est, en définitive, l'alternative à laquelle on se voit forcément réduit, à moins de révoquer en doute les particularités consignées dans le rapport officiel fait au Comité du revenu de Madras, le 4 décembre 1820, et dont arguent même les défenseurs de l'existence de la propriété foncière dans l'Inde, pour arriver à la prouver, d'après leur système ; particularités que nous avons, du reste, comparées et trouvées parfaitement concordantes avec celles rapportées, d'une manière uniforme, dans tous les documents publiés sur le même sujet. Examinons, donc, successivement les deux termes de cette alternative qui resserre la solution que nous poursuivons, dans des limites tellement étroites qu'elle ne peut ni nous échapper, ni manquer d'être aussi claire et précise que décisive.

Nous le répétons : l'éviction pure et simple applicable à une terre possédée, à titre de propriété, est une monstruosité en fait de droit, en fait de pouvoir. Admettre qu'elle l'a toujours été dans l'Inde, dès l'antiquité la plus reculée, c'est reconnaître, non seulement, que la propriété foncière n'y a jamais existé dans toute sa plénitude et à l'état de droit, mais encore qu'elle ne se trouvait pas garantie, déduction rigoureuse, il est vrai, mais dont la justesse ne nous paraît pas contestable.

9

A entendre les adversaires de l'opinion que nous soute=
nons, il semblerait que la propriété est un droit inhérent
à la personne de tout cultivateur hindou, à quelque titre
qu'il exploite le sol, pourvu qu'il l'ait défriché et semé le
premier, ce qui nous reporte, tout simplement, à l'origine
de la société, alors qu'il n'y avait ni lois, ni gouvernement,
et que rien n'était encore bien défini, ni les personnes, ni
les choses. La terre était alors au premier occupant, nous
en convenons, et celui qui en jouissait pouvait prétendre
à un droit absolu et l'exercer comme il l'entendait, qu'il
en résultât, même, du mal pour ses voisins, lesquels se
révoltaient, probablement, et se mettaient à sa place, s'ils
étaient les plus forts, sinon, se résignaient, devenus des
esclaves travaillant pour un maître. Est-ce donc à cet état
barbare et désordonné de la société qu'on ferait remonter
l'origine et l'institution du droit de propriété? Mais,
comme il n'y a de véritables droits que ceux dont la
jouissance est sauvegardée et garantie, inutile d'insister
sur les preuves innombrables et irréfragables à l'aide
desquelles il nous serait facile de démontrer que le droit
de propriété, entre autres, n'est que la résultante de l'é-
ducation de l'homme, de sa civilisation et de son gouvernement constitué d'une manière régulière. En effet, si la
force collective et concentrée des habitants d'un pays
n'était là pour protéger votre champ, que deviendrait le
droit, quelque absolu qu'il puisse être, que vous auriez sur
la possession, sur la jouissance de ce champ, sur sa transmission à vos héritiers? Incontestablement, la valeur que
nous attachons au mot droit n'était pas, ne pouvait pas
être appréciable pour l'antiquité qui ne reconnaissait et
n'admettait que des privilèges, privilèges de la force, de
la naissance, du savoir, de la fortune, etc., toutes choses
qui, après avoir été les idées dominantes même du moyen
âge, furent transformées en droits par la société actuelle,
mais en droits relatifs, ainsi qu'il est facile de s'en convaincre.

Cela posé, la difficulté qui nous arrête n'en est plus
une. Le droit de premier occupant, en tant que droit
absolu, ne pouvant se concevoir que sous un régime de
société où les notions du juste et de l'injuste seraient tel-

lement confuses, qu'il n'y aurait qu'abus des forces personnelles, en d'autres termes, oppression d'une part et
esclavage de l'autre, la seule cause à assigner aux progrès
de la civilisation et aux améliorations successives apportées
à tous les droits inhérents aux hommes, c'est, si nous ne
nous trompons, la modification radicale que ces droits ont
subie dans leur essence, en devenant relatifs d'absolus
qu'ils étaient, modification importante dont les conséquences, de quelque manière qu'on les envisage, ne
tourneront jamais qu'à l'avantage de l'humanité.

Un exemple va nous aider à le démontrer. Le droit de
liberté, qui importe le plus à l'homme, dans l'état de nature comme dans celui de société, qui est le rempart
sacré et inviolable sous lequel s'abrite sa dignité, au moral
comme au physique, et qui seul, entre tous, lui garantit
le complet développement de toutes les facultés dont la
nature l'a doué, quel est le peuple qui en voudrait, si,
après l'avoir été, il doit rester un droit absolu? Or, la
liberté est un droit si peu absolu, si peu illimité qu'il
s'arrête forcément là où il commence à nuire à autrui.
Il en est de même de l'égalité qui, considérée comme un
droit absolu, n'aboutirait qu'à l'absurde. Si la propriété
nous apparaît encore armée de la fameuse définition ro-
maine *uti et abuti*, il y a déjà longtemps que la raison publique, le bon sens des peuples a compris qu'il fallait en
faire justice.

Dans un travail récent sur l'état de la propriété aux
environs de la ville de Rome, nous lisons ce passage remarquable :

« Ce fut sous les murs de Rome que le vieux principe
« de droit romain, qui permet au propriétaire de faire de
« sa chose ce que bon lui semble, *uti et abuti*, fut solen-
« nellement biffé. La main de fer de Sixte IV déchira la
« page des pandectes, à cette considération, dit-il, que les
« fréquentes famines auxquelles la ville a été exposée pro-
« viennent principalement du petit nombre de champs qui
« sont ensemencés, et que les seigneurs aiment mieux les
« conserver incultes et les destiner seulement au pâturage
« que de les cultiver ou de permettre qu'on les cultive
« pour la nourriture des hommes. Il pose implicitement

« cette doctrine, reprise depuis par Mirabeau, que la
« propriété n'est qu'une fonction qui a ses obligations à
« remplir vis-à-vis de la communauté. Il force par son
« édit les possesseurs *de tenute* à cultiver le tiers de leurs
« domaines, autorisant, sur leur refus, tous les paysans, à
« se faire adjuger, par les tribunaux, ce tiers des terres
« que le décret avait soumises à l'obligation de la culture. »

La définition d'user et abuser, qui fait de la propriété
un droit absolu devient donc moins compréhensible, moins
appréciable, de jour en jour. S'il est permis à l'homme
d'user d'une chose, il ne peut le faire qu'en évitant de
nuire à son prochain, qu'en subordonnant son intérêt
personnel à l'intérêt collectif de la société. Mais qu'il
puisse en abuser, c'est ce qui nous semble contraire à la
justice, à la morale et essentiellement subversif de l'ordre
public, sans lequel il ne saurait y avoir de gouvernement.

Ainsi, laisser en jachère des terres susceptibles de culture, les conserver incultes et les destiner au pâturage
plutôt que de les cultiver ou de permettre qu'on les cultive, pour la nourriture des hommes, en changer inopi-
nément et par un caprice passager, la constante destina-
tion, de terres arables extraire des briques, y élever des
fours à chaux, etc., c'est abuser, ce nous semble, de la propriété, bien qu'on soit parfaitement en droit de le faire.
Mais, tout de même, on ne nous contestera pas qu'il y a là
abus, atteinte portée à l'intérêt général dans un but d'intérêt personnel et exclusif. Or, l'intervention du gouvernement, de l'autorité collective des citoyens, dans ces divers
cas, est la première restriction à apporter, nous le
croyons, au droit absolu du propriétaire, pour l'empêcher
d'en user d'une manière nuisible à ses semblables. Dès
lors, la propriété dépouillée de ce caractère absolu et incompatible avec les idées dominantes dans tout pays
initié aux progrès de la civilisation, ne sera plus qu'un
droit relatif parfaitement en harmonie avec les exigences
sociales actuelles, qu'une institution fondée sur le grand
principe moral du sacrifice du bien particulier au bien
général.

Cette déclaration de principes était indispensable pour
arriver à l'examen de ce qui s'est toujours pratiqué dans

l'Inde, relativement au mode général de possession des terres, pratique qui seule suffirait pour démontrer, d'une manière irréfragable, que le système local qui a constamment régi l'agriculture exclut la propriété pleine, entière, absolue et incommutable du sol. Pour le nier, il faudrait n'avoir jamais observé tout ce qui constitue le cultivateur hindou, son caractère, ses mœurs, ses habitudes, et révoquer en doute les enseignements recueillis, à cet égard, depuis plusieurs siècles. Mais, la concordance parfaite qui existe entre l'opinion et les prétentions formulées par les partisans de la négative, lesquels s'accordent unanimement à soutenir que les terres possédées à miras le sont à titre de propriété, nous imposant l'impérieux devoir d'approfondir la question, afin que le débat puisse se terminer, entre nous, par une discussion sérieuse et loyale de part et d'autre, nous allons tâcher d'y satisfaire.

L'antiquité du mode de possession dit mirassi-tenure, qui remonterait au delà des temps historiques, n'est pas contestable. L'unanimité, la coïncidence des opinions publiées, à cet égard, ne permettent pas d'en douter. Le paragraphe 403 de la lettre sur le revenu, écrite de Bombay, le 5 novembre 1823, et citée par John Briggs, page 341 porte :

« L'existence du droit de *wuttun* ou miras prévaut depuis le Krishna jusqu'aux Gâtes qui séparent le Gangturi du Kandeish. Ce droit peut être considéré comme étant d'une haute antiquité. On en découvre des traces dans des comptes qui datent de cent cinquante ans, mais l'on ne sait rien de positif sur l'époque de son institution. »

On voit par ces lignes qu'il s'agit d'un droit très-ancien parvenu jusqu'à nous sans subir la moindre altération et, par conséquent, dans son état, nous dirons mieux, dans sa simplicité primitive, droit qui ne saurait être, ni comparé, ni assimilé à ce qu'on est convenu, aujourd'hui, de considérer comme tel. D'où il suit que pour l'apprécier à sa juste valeur et d'une manière convenable, il faut nécessairement se reporter à un autre ordre de choses, se dépouiller des idées du jour et raisonner comme on l'eût fait au siècle de Manou, par exemple.

Ce retour forcé vers le passé, vers des institutions qui

n'en subsistent pas moins, malgré toutes les perturbations, toutes les vicissitudes produites par dix siècles
d'anarchie et de guerre, clot naturellement l'historique
que nous avons essayé de faire de la propriété, sous les
Musulmans et sous les Anglais. D'une part, si, d'accord
avec Wilks et John Briggs, nous avons constaté que l'é-
tablissement de la domination musulmane, dans l'Inde,
loin de contribuer à la fondation de la propriété privée
du sol n'a abouti qu'à détruire de la manière la plus
complète tout ce qui, d'après l'esprit des mœurs, des
lois et des institutions hindoues, pouvait conduire à ce
résultat auquel tend irrésistiblement toute société bien
organisée; d'un autre côté, si, d'après les Anglais eux-
mêmes, les conséquences de leur système administratif et
financier ont été telles qu'au lieu de réparer le mal elles
l'ont rendu plus irrémédiable que jamais, évidemment,
ce n'est, ni sous le règne des Musulmans, ni sous celui
des Anglais que la propriété absolue et incommutable du
sol a pu s'établir au profit des sujets et particulièrement,
des cultivateurs, alors surtout que le principe fondamental des gouvernements dominants voulait et veut
encore que ce droit soit un attribut exclusif de la souveraineté nationale.

Non, plus de doute à cet égard, plus de controverse,
plus de discussion. Nos adversaires et nous, sommes d'accord sur cette conséquence incontestée et incontestable que
ni les Musulmans, ni les Anglais n'ont pu vouloir l'institution régulière et populaire, de la propriété foncière dans
l'Inde, leurs principes politiques et surtout l'intérêt de la
conservation de leur conquête s'y étant toujours opposés.
Cela est si vrai que tous les partisans anciens et modernes
de l'existence de la propriété territoriale dans l'Inde ne
manqueront jamais de répondre à ceux qui la leur nient
que, bien que les invasions étrangères aient tout bouleversé,
tout détruit de fond en comble et, par conséquent, changé
totalement la face du pays, il ne leur paraît pas moins démontré que la société hindoue, telle qu'il est permis de l'envisager au point de vue des lois de Manou et des autres
jurisconsultes, n'aurait pour base que la propriété, et la
preuve, selon eux, serait le mode de possession dit mirassi-
tenure qui l'impliquerait d'une manière absolue.

Quelque hasardée que devrait paraître une telle prétention, eu égard à tout ce que nous avons déjà exposé relativement à la nature et à l'essence du droit de miras, il convient pourtant de ne pas la condamner, sans l'avoir examinée jusqu'au bout.

Mais, nous ne devons pas moins constater, comme un fait acquis à l'avantage de l'opinion que nous soutenons, qu'il faut remonter à plus de huit cents ans dont la majeure partie s'est écoulée en exactions et en extorsions telles que la conséquence immédiate a été la destruction, la dispersion et l'émigration de plus d'une race, de plus d'une génération et traverser le torrent des hommes et des choses pour aller découvrir les traces, si jamais elles ont pu exister, de la propriété foncière chez les Hindous, afin d'arriver à reconnaître aux peuples actuels de l'Inde des droits conservés intacts, depuis l'origine, à la possession exclusive du sol qu'ils occupent, qu'ils exploitent. Mais pourtant l'application de ce principe si salutaire de la nouvelle législation, que même la simple possession temporaire devrait être constatée par titre, suffirait seule pour démontrer l'impossibilité, l'inutilité de la preuve, sous laquelle nos adversaires se retranchent quand même. Il n'importe après tout. Nous osons dire que cette preuve, autant qu'il nous a été donné de nous en assurer, ne leur est pas favorable. On en jugera.

Le mode usité pour l'imposition des terres et la perception des revenus en provenant est, si nous en croyons le résultat de nos études, un des meilleurs diagnostics pour s'assurer de l'état réel de la propriété foncière dans chaque pays, à cette considération surtout que lorsque le fisc est réduit à poursuivre le payement de la rente due à l'Etat, l'application des règles, des formalités qu'il observe pour parvenir au recouvrement, donne l'exacte mesure du droit plus ou moins étendu que les contribuables ont sur le sol. En effet, des deux voies suivies en pareil cas, et qui sont, d'une part, l'expropriation forcée, mais au profit du cultivateur, de l'autre, son éviction pure et simple, il est certain que la première suppose une possession beaucoup plus étendue, beaucoup plus réelle que celle à laquelle s'applique la seconde. Bien que cette dis-

tinction entre l'expropriation et l'éviction ne résulte que
d'un ordre de choses tout récent et que ce serait commettre, peut-être, un anachronisme que de vouloir reprocher aux lois anciennes des lacunes, des vices, des
imperfections dont le progrès des lumières et l'amélioration des institutions civiles et administratives ont dépouillé les lois nouvelles, il n'en est pas moins vrai que la
confusion qu'il faut alors reconnaître que l'antiquité faisait
entre des droits essentiellement distincts pour nous,
implique, d'une manière incontestable, la non existence
de ces droits. Ce qui se vérifiera tout à l'heure.

Nous avons expliqué les trois systèmes d'imposition et
de perception suivis dans l'Inde, le premier, sous le gouvernement hindou, le second, sous les Musulmans et le
troisième, sous les Anglais. Les détails dans lesquels nous
sommes entré nous dispensent d'insister de nouveau sur
les points de contact et de transition qui les lient entre
eux. Le premier système basé sur le principe de l'association et conservé par les Anglais, sous la dénomination
de village-rent, étant celui qui nous intéresse le plus, nous
en réservons la discussion pour la fin.

Arrêtons-nous au second appelé zamindary-rent, qui
n'est, à vrai dire, et comme nous croyons l'avoir démontré, qu'une transformation du premier, avec la différence essentielle que la propriété, autrement dit, le droit
de disposer en maître des produits du sol et d'en jouir,
moyennant une légère imposition payée à l'Etat, n'eut
plus pour base une collection, une pluralité ; mais bien
l'unité. En effet, les cultivateurs qui, d'après le premier
système, échappaient à l'action directe du fisc, pour le
mode de répartition du sol et pour la quotité de la rente
à payer individuellement, ce qui faisait de leur association
une petite communauté indépendante, à l'administration
de laquelle chacun concourait dans la limite ou de son
travail ou de sa fortune, durent se soumettre au contrôle
incessant du zamindar qui, en achetant aux enchères
publiques la ferme des villages ou des districts composant
son zamindary, acquérait, en même temps, le droit ex-
orbitant de disposer, d'une manière absolue, et du sol et
de ses revenus, c'est-à-dire en véritable propriétaire.

Déclaré tel par la loi de 1793, il n'userait que d'un droit incontestablement légitime, concédé avec publicité et concurrence et environné de toutes les garanties que ce droit comporterait de sa nature. Sans nous laisser arrêter par les objections que nous avons déjà soulevées contre cette loi, nous insistons, et nous le devons, sur les faits principaux et sur les conséquences qui l'ont précédée et suivie.

L'établissement des Anglais au Bengale remonte, comme on le sait, à l'an 1640. Dès 1769, s'organise l'institution des *supervisors* qui étaient des contrôleurs chargés de surveiller tout ce qui avait rapport aux revenus territoriaux. Celle d'un comité de *circuit* ayant mission de réglementer (1772), celle des *ameen* ou inspecteurs indiens, tenus de faire un *hastabond* ou résumé des ressources passées et futures (1776), celle des collecteurs européens (1781), y succèdent dans le but d'éclairer le Gouvernement et de lui faire connaître à fond le pays, ses mœurs, ses habitudes, de manière à ne procéder qu'avec connaissance de cause. Ces recherches, ces études poursuivies avec constance et pendant près d'un siècle, ces institutions fondées dans l'intérêt des administrés par des hommes sincèrement dévoués aux intérêts locaux, tels que les Hastings et les Cornwallis, recherches et institutions qui dénotent leur sollicitude pour la classe laborieuse et malheureuse des cultivateurs indiens qu'ont-elles produit ? D'abord, la négation de la propriété privée du sol et, comme une conséquence forcée, la fameuse loi de 1793, ayant pour objet de la constituer, deux résultats qui militent hautement contre les prétentions des mirasdars, des djanmikars, des kanyatchikars, etc., que nos adversaires, les Wilks, les Briggs, les Campbell, reconnaissent pour des propriétaires investis de droits absolus, tellement anciens qu'ils remonteraient à l'époque où florissait le gouvernement hindou. Pour être d'accord avec eux, il faudrait ne tenir aucun compte de toutes les tentatives faites dans le but de découvrir précisément l'existence de pareils droits. A moins qu'on ne se soit étrangement mépris ou trompé de voie, ce que nous ne pouvons admettre, en présence de la détermination qu'on a prise de publier la loi de 1793, ces droits, s'ils ont toujours été tels que l'affirment nos adversaires, n'auraient certainement pas échappé aux investigations dont témoignent même leurs ouvrages. Eh quoi! il y aurait eu, antérieurement à l'établissement des Anglais, dans le Bengale, des propriétaires disposant librement et de leurs terres et de leurs revenus, à titre absolu, exclusif et incommutable, et leur existence, qu'on s'évertue à considérer, aujourd'hui, comme un fait qu'on ne saurait révoquer en doute, aurait passé inaperçue aux yeux des hommes sérieux dont la mission spéciale était de la reconnaître, de la constater, afin de parvenir à la régulariser, lesquels après de vains efforts, des essais dont il leur fut impossible de prévoir l'issue se résolurent enfin, pour y obvier, à adopter une mesure essentiellement subversive et destructive des principes et des droits qu'ils cherchaient à découvrir et qu'ils n'auraient probablement pas hésité de proclamer, il y a soixante ans! Que l'on n'ait pas bien apprécié ces principes et ces droits, qu'on ait confondu, par exemple, une jouissance à vie avec une possession temporaire, et assimilé des sous-tenanciers à des tenanciers, cela pourrait encore se concevoir : le temps et les renseignements ont pu manquer, pour faire mieux. Mais qu'on ait imaginé une loi comme celle de 1793, conçue à l'encontre de tous les droits acquis, de quelque nature qu'ils fussent ; que, par l'effet seul de cette loi, un fermier général, qualifié de zamindar, ait été déclaré propriétaire absolu de toutes les terres composant sa ferme et autorisé à les exproprier suivant ses caprices, cela ne prouverait qu'une chose à nos yeux, c'est que de tous les modes de possession adoptés et suivis dans le pays, aucun n'a jamais impliqué, comme condition essentielle et *sine qua non*, la propriété pleine, entière, exclusive et incommutable du sol, que l'institution était à créer, qu'il y avait nécessité, urgence de le faire et, par conséquent, que ce qui existait n'y ressemblait en rien.

Aussi, ne nous arrêterons-nous pas à combattre, ici, John Briggs qui, après avoir admis que le zamindar a été constitué, par la loi, propriétaire du sol, en 1793, et qu'il est inutile de chercher à le nier, a cru devoir ajouter que les règlements, cependant, ont réservé aux détenteurs actuels leurs droits (1), particularité au sujet de laquelle nous nous sommes déjà expliqué dans l'exposé que nous avons fait, plus haut, du système zamindary. D'ailleurs, pour apprécier suffisamment cette réserve, il faudrait qu'on eût sous les yeux les règlements invoqués. Il ne nous importe : en présence de tout le mal produit par le système zamindary, nous n'hésiterons pas, quant à nous, à la révoquer en doute, ou au moins à la déclarer inefficace.

La loi de 1793 exécutée dans toute sa rigueur, comme elle l'a été plus d'une fois, il ne devait plus y avoir des cultivateurs investis d'une possession à titre incommutable qu'excluait de fait l'obligation à laquelle se soumettait le zamindar de payer quand même la rente due à l'Etat, pour toutes les terres composant son zamindary. Autorisé à confisquer, à son profit, pour ainsi dire, celles des contribuables, ses débiteurs, il les réduisait tous indistinctement, à quelque titre qu'ils possédâssent, à cultiver, sous une seule et même condition, celle de déguerpir pour le moindre retard apporté dans l'acquittement de leurs cotes respectives, condition à laquelle il est reconnu qu'ils se soumirent. Ce qui nous porte à croire qu'ils ont dû accepter l'innovation introduite par le gouvernement anglais, comme une mesure plus nuisible que profitable à leurs intérêts et non comme une violation de leurs droits supposés à la propriété incommutable du sol. Si bien que, dans notre opinion, les prétentions des soi-disants propriétaires qualifiés de màlik, d'ashraf, de bhàgdar, de pattidar, de mirasdar, ne furent jamais ce qu'on veut qu'elles soient aujourd'hui; les conditions de possession très-diverses, dans l'Inde, pour la forme et invariables au fond, leur étaient, sans doute, un peu plus favorables qu'aux autres, sans impliquer, toutefois, la dévolution du droit de propriété pleine, entière, exclusive et incommutable, comme aux cas de vente, de cession, etc., sans avoir, enfin, ce caractère absolu que nos adversaires s'attachent à leur reconnaître, caractère que nous contestons et nions formellement.

Il est de fait que si les droits des malik, des ashraf, des

____

(1) The zemindar was constituted by law, in 1793, the proprietor of the land : it is in vain to deny it : the regulations, however, reserved to actual occupants their rights. John Briggs, page 356.

bagdar et autres, avaient été aussi clairs, aussi positifs, aussi bien définis qu'on le prétend, ils n'auraient point échappé aux investigations du gouvernement anglais qui, éclairé et renseigné comme il devait l'être, d'après les informations qu'il avait prises, n'aurait pas manqué d'en tenir compte, en établissant et avant que de le rendre irrévocable au moyen d'une loi , le fameux système de perception dit zamindary-rent.

Si l'invention, la consécration de ce système excluent virtuellement l'existence d'individus pouvant prétendre à la propriété pleine, entière, incommutable du sol, dans l'Inde, antérieurement à l'administration anglaise, l'application qui en est faite, depuis plus d'un demi siècle, n'a pu que contribuer à les faire disparaître complètement, en admettant qu'il y en ait eu. Aussi, la simple éviction substituée à l'expropriation forcée, en ce qui concerne les cultivateurs engagés envers le zamindar, serait-elle la seule voie dont ceux-ci se contenteraient pour parvenir au recouvrement des sommes dues par leurs sous-fermiers. Or, comme l'éviction n'implique qu'une possession excessivement restreinte, qu'une jouissance conditionnelle, temporaire, et non la propriété du fonds, laquelle exigerait le recours à l'expropriation forcée au profit du débiteur, nous en concluons que, sous le mode de perception dit zamindary-rent, l'existence de propriétaires investis d'un droit absolu et exclusif nous paraît rigoureusement impossible.

Nous allons démontrer qu'elle l'est encore davantage sous le système raiyotvar basé, comme nous l'avons déjà expliqué, sur le droit de conquête, d'où procède le droit de propriété nationale et qui a produit la maxime bien connue que, dans l'Inde, le gouvernement dominant étant seul propriétaire du sol, les habitants ne seraient que des emphytéotes. Ceux-ci possèdent, on le sait, en vertu de titres dits *patta*, soumis au renouvellement et déterminant les clauses et conditions de la possession. Ainsi, l'éviction pure et simple, le retour immédiat au domaine de l'Etat, en cas de non payement de la rente due, sont nommément prévus et spécifiés. En somme, il n'y aurait d'aliéné que la jouissance du fonds dont la propriété resterait toujours à l'Etat. Que deviennent, dès lors, les droits et les prétentions allégués en faveur des mâlik, des ashraf, des mirasdar, etc., etc., auxquels l'on applique le système raiyotvar ? L'incompatibilité nous semble radicale et flagrante entre leurs prétendus titres à la propriété incommutable du sol, d'une part, et de l'autre, le fait de l'appropriation du territoire par les gouvernements dominants en vertu du droit de conquête. Evidemment, ces titres-là tombent d'eux-mêmes, en présence du fait qui seul subsiste

A cette considération, qui suffirait pour faire admettre que le système de perception dit raiyotwar-rent est exclusif de la propriété pleine et entière du sol dévolue au profit des cultivateurs, vient s'en ajouter une autre beaucoup plus déterminante. C'est la quotité de la rente individuelle exigée des contribuables soumis à ce mode de perception. Cette quotité n'a jamais varié, depuis l'établissement du système ; elle s'est maintenue à 5o p. o/o du produit, taux fixé du temps même de l'Empereur Aurengzeb.

John Briggs fait, à ce sujet, une remarque qui parlera plus haut que tous les raisonnements. Nous regrettons d'avoir à le combattre, en nous servant de ses propres armes ; mais l'argument est trop décisif pour que nous n'en profitions pas.

« Je laisse, dit-il, au lecteur à juger à quelle époque une « terre, payant un impôt foncier perpétuel, en argent, « équivalant presqu'à la moitié de son produit, atteindra à « cet état où elle deviendra réellement une propriété (1). »

Il ajoute : « Trente ans se sont écoulés (2) depuis la taxa-« tion par sir Thomas Munro, dans les *ceded districts* ; « (Il s'agit ici du système raiyotvar) et, jusqu'à présent, pas « de symptôme annonçant cette transformation (3). »

L'aveu nous semble explicite et formel ; mais poursuivons.

----

(1) I leave it to the reader to judge at what period land paying a permanent land tax in money equivalent to nearly half of the produce will arrive at that state to become real property. John Briggs, page 4o2.

(2) Ceci s'écrivait en 183o.

(3) Thirty years have passed away in the ceded districts since sir Thomas Munro's asssesment, but there have been yet no symptoms of its formation. John Briggs, page 4o2.

Différant complètement d'avis avec sir Thomas Munro, John Briggs lui conteste la déduction suivante que nous tenons, néanmoins, pour très-rationnelle et à laquelle nous nous rangeons sans la moindre restriction; que la longue durée (trente-six ans) d'un système connu et fixe d'imposition (1) a commencé à introduire la propriété foncière, à titre privé et vendable, dans le Baramahl où elle était inconnue auparavant. Dans la plupart des Mootahs (2), certaines terres sont vendables et toutes le sont, dans quelques-uns (3).

Voici l'objection formulée par John Briggs :

« Dès lors, dit-il, ce n'est pas avec le système raiyot-
« var qu'une amélioration de cette nature a pu encore s'ef-
« fectuer, mais bien avec le système mootah ou zamin-
« dary, d'après lequel une quantité de terre inculte est
« délivrée à un fermier du revenu, lequel a le droit de la
« vendre ou de l'affermer au prix qui lui convient. Il se
« peut aussi, ajoute cet auteur, qu'il trouve son intérêt à
« diminuer l'impôt fixé (4). »

L'objection est sérieuse.

John Briggs et sir Thomas Munro, deux hommes également instruits et dignes de considération, diffèrent, comme on voit, d'opinion entre eux.

Sir Thomas Munro, inventeur du système raiyotvar, le trouve éminemment favorable à l'institution de la propriété territoriale dans l'Inde, avis que nous partageons et dont nous avons développé les motifs dans toute l'étendue qu'ils comportaient.

---

(1) C'est encore du système raiyotvar qu'il s'agit ici.

(2) Mootah signifie une série de villages dont le revenu foncier est affermé à un entrepreneur qui disposerait également de toutes les terres incultes à perpétuité John Briggs, page 402.

(3) This long continuance (thirty six years) of a known and fixed assessment has begun to introduce saleable property into the Baramahl, where it was never known before. In many Mootah several fields are saleable, and in some every field is so. John Briggs, page 402.

(4) It is not, then, under the raiyotwar system that any such improvement has yet taken place, but in the Mootah or zamindary system, where a quantity of waste land is made over to a farmer of revenue, who is competent to sell it or rent it at what rate he pleases. He may also find it his interest, as no doubt he would, to lower the limited assessment, etc. John Briggs, page 403.

Parmi les causes que nous avons déjà assignées à l'impossibilité de cette institution, après avoir rangé, en première ligne, la division et les privilèges de castes comme les plus difficiles à surmonter, nous avons fait ressortir toutes les ressources qu'offre le système raiyotvar, non pas pour en triompher, ce que nous ne croyons pas possible actuellement, mais pour arriver à les atténuer de beaucoup.

Ces ressources tiennent à l'application de règles, les seules propres à conduire au but qu'on désire atteindre, telles que de faire signer à chaque cultivateur un contrat qui le lie, à terme ou à vie, avec le gouvernement, contrat dont les conditions rigoureusement observées le rendent propriétaire, sinon de droit, mais de fait, de la portion de terre qu'il exploite et dont la valeur vénale, s'il lui en a donné une par son travail, devient, lorsqu'à défaut de payement il est dépossédé par le fisc, une ressource réelle sur laquelle il peut toujours compter.

Avec un tel système qui permet de traiter également avec tous, sans distinction de caste, ni de religion, qui laisse à chacun la faculté de devenir propriétaire de droit, après l'avoir été de fait incontestablement, qui tend à asseoir, dans l'Inde, comme en France, la propriété foncière sur sa véritable et unique base, c'est-à-dire sur le travail, en détruisant à jamais, quant à la possession du sol au moins, tous ces vieux privilèges, toutes ces bizares prérogatives, voies déplorables inventées par une société imparfaite, pour rendre, en définitive, la moitié d'un peuple esclave de l'autre, avec un tel système, disons-nous, fondé, ainsi que nous croyons l'avoir démontré, sur un principe d'ordre, de progrès vers un état de choses meilleur, si la possibilité d'investir les Hindous de la propriété pleine et entière du sol qu'ils détiennent, qu'ils exploitent, est révoquée en doute et même niée, nous n'y comprendrons plus rien. Tout ce qu'il nous est permis d'entrevoir, c'est qu'en appliquant ce système qui n'est autre que le raiyotwar-rent, le gouvernement anglais a la conscience de ce qu'il fait, sait à qui et à quelles conditions il accorde la possession du sol disponible et ne peut, sans mentir à la foi écrite, violer les garanties promises. Seul capable d'améliorer le sort des contribuables, tout en ne sacrifiant pas l'intérêt général du pays, il le fait nécessairement et autant que les circonstances le comportent.

Cette amélioration, on le sait, consisterait principalement dans l'allègement des charges imposées à la population agricole et dont la plus lourde est, il faut en convenir, l'impôt territorial qui devrait assurément être réduit, si l'on veut faciliter l'appropriation du sol, à ceux qui l'exploitent et leur en rendre la jouissance fructueuse, profitable.

Or, le premier obstacle, actuellement insurmontable, à l'institution régulière de la propriété foncière, dans l'Inde, étant, selon nous, la division et les privilèges de castes qui, longtemps encore, s'opposeront à ce qu'un individu, quelle que soit sa naissance, puisse acheter un immeuble situé dans tel ou tel quartier de la ville, le second, c'est, sans contredit, la quotité élevée de l'impôt foncier, obstacle qui ne serait, après tout, qu'une question de finances à résoudre par les gouvernements dominants.

En résumé, si le système raiyotvar n'a pas encore rendu possible l'appropriation du sol, ce que John Briggs reconnaît avec nous, on en doit attribuer la cause au taux excessif de la rente exigée de chaque contribuable. Mais, d'accord avec sir Thomas Munro, nous n'en persistons pas moins à croire que ce taux réduit, dans une juste proportion, la cause énoncée disparaîtra d'elle-même.

Cet exposé des motifs qui nous portent à admettre la possibilité de créer la propriété foncière, dans l'Inde, par l'application continue du système raiyotvar, susceptible, comme on a pu s'en convaincre, d'améliorations de toutes sortes appropriées aux circonstances et surtout au but que l'on se propose d'atteindre, va rendre plus complète la réfutation qu'il nous reste à faire de l'opinion de John Briggs admettant, d'une manière exclusive, cette même possibilité, en ce qui concerne le système zamindary.

De ce qu'une quantité de terre inculte étant adjugée à un fermier du revenu, celui-ci aurait le droit de l'affermer au prix qui lui convient, et de ce que ce fermier trouverait son intérêt à diminuer l'impôt fixé, John Briggs conclut que le zamindary-rent aiderait plus à l'appropriation du sol par ceux qui l'exploitent que le raiyotwar-rent.

Examinons successivement ces deux moyens.

Quant au premier, cet auteur lui-même ne peut s'empêcher de considérer le zamindar comme un fermier du revenu (a former of revenue) et cela, à l'encontre de la loi de 1793, qui a déclaré les zamindars propriétaires des terres composant leur zamindary. Il n'importe ; le fait, dans le cas particulier, a toujours contrarié et démenti le droit. Les zamindars, bien qu'ils dussent l'être, n'ont jamais été réputés propriétaires du sol qui leur serait seulement affermé et sur lequel d'autres auraient des droits antérieurs et imprescriptibles. De là, une foule de contestations, de procès graves et onéreux pour le Trésor, contestations sur lesquelles nous nous fondons pour reconnaître que la loi de 1793 a été impuissante à créer la propriété foncière dans l'Inde, que les zamindars, qui en ont profité ont causé une perturbation telle dans les divers modes de possession en usage parmi les Indiens, qu'elle est, à juste titre, considérée, par tous les voyageurs qui ont visité l'Inde comme irrémédiable ; (1) qu'enfin, les zamindars n'ont jamais été autre chose, de fait, que de simples fermiers (contracter), adjudicataires du droit de percevoir les revenus d'un certain nombre de villages, de les administrer, moyennant une somme d'argent dont le non payement entraînerait une adjudication nouvelle au profit d'autres zamindars, fait qui a toujours prévalu jusqu'à ce jour.

Or, le zamindar n'étant que le fermier du revenu (farmer of revenue) et n'ayant pas, par conséquent, la propriété pleine et entière du sol, qu'il ne posséderait que sous une condition résolutoire formellement prévue, que sous la menace d'une dépossession acceptée à l'avance, comment en investirait-il ceux qui achètent ou sous-afferment les terres incultes à sa disposition ? Les droits de l'acquéreur doivent, ce nous semble, être les mêmes que ceux du vendeur ! Apprécié à sa juste valeur, le droit du zamindar, loin d'être un droit de propriété, dans toute l'acception de la chose, n'étant, à proprement parler,

---

(1) Lire surtout les *Lettres de Jacquemont* sur l'Inde.

qu'un simple droit de jouissance, ceux qui contractent avec lui ne sauraient prétendre à rien de plus.

Pour faire accepter plus facilement son assertion, John Briggs met en avant une circonstance que nous ne pouvons considérer, ni comme une généralité d'une application fréquente, ni comme un fait toujours possible, dans le sens absolu que cet auteur y attache.

Les zamindary mis aux enchères publiques se composent de terres incultes et de terres cultivées ou cultivables. Dire qu'il n'y aurait que des terres non encore défrichées, c'est prendre l'exception pour la règle et raisonner sur une éventualité admissible, sans doute, mais qui ne donnerait pas à la déduction que John Briggs en tire toute la portée qu'il faudrait qu'elle eût pour servir à prouver son opinion.

Cela établi, voyons si cette preuve est possible, même dans les conditions énoncées.

Il est certain que l'intention de John Briggs, en ne faisant mention que de terres incultes, a été de répondre, aussi victorieusement que possible, à la grande objection faite contre le système zamindary par ceux qui l'ont combattu et qui consisterait à y reprocher l'inconvénient de dépouiller les anciens détenteurs du sol investis de droits nés d'une possession immémoriale, au profit de fermiers généraux dont les titres ne s'appuieraient que sur une possession récente et essentiellement conditionnelle.

Or, les terres incultes n'appartenant à personne autre qu'au gouvernement tenu de les employer de la manière la plus utile au Trésor, il n'y a rien à dire contre la loi qui a autorisé les zamindars, adjudicataires de ces terres, à en disposer librement, soit par vente, soit par bail à terme ou à vie, sans porter préjudice aux droits résultant d'une occupation ou d'une jouissance immémoriale antérieure. Dès lors, la transmission de la propriété, dans le système de l'auteur précité, serait non seulement possible, mais légale, légitime et nullement compromettante pour les intérêts des tiers.

Il semblerait que la question ainsi posée, la solution ne peut manquer d'être favorable à l'opinion que nous combattons. Il n'en saurait être ainsi. Et voici pourquoi.

Qu'il s'agisse de terres incultes ou de terres cultivables, le zamindar est seul responsable du payement
de la totalité de la rente imposée sur ses zamindary dont
il ne s'est rendu adjudicataire qu'en portant l'enchère
la plus élevée, tout en acceptant les clauses et conditions
à observer, sous peine de dépossession, clauses et conditions auxquelles sont nécessairement subordonnées la
vente ou la location de terres soit incultes, soit incultivables, faites par lui, pendant sa gestion. N'ayant
qu'un droit essentiellement résoluble, il ne peut en conférer qui ne le soit point. L'acquéreur ou le sous-fermier
qui ont traité avec lui, courent donc les mêmes chances
que lui. Evincé pour non payement de la rente due à l'Etat,
il ne saurait être appelé en garantie, par l'un ou par l'autre,
s'ils venaient à être troublés dans leur jouissance, car il
leur dirait avec raison : « Je possédais résolutoirement et
« n'ai pu vous transmettre d'autres droits que ceux que
« j'avais moi-même. Vous possédez, comme j'ai possédé,
« c'est-à-dire, sous la condition d'être évincé en cas d'i-
« nexécution du contrat qui vous lie. » Soit ; la simple
éviction prévue pour le cas de non payement de la rente
stipulée, même rigoureusement appliquée, point de récla-
mation possible, les conventions légalement formées devant tenir lieu de loi à ceux qui les ont faites. Mais voici
où gît la difficulté. Le zamindar qui a vendu ou sous-affermé
une terre inculte, une fois dépossédé et remplacé par un
autre, la situation change, doit forcément changer. Le
dernier venu qui, pour l'emporter sur ses concurrents, a
dû porter l'enchère la plus élevée, maintiendra-t-il les
contrats passés, les actes souscrits par son prédécesseur ?
Cela dépendra tout naturellement de la rente qu'il a ac-
cepté de payer. Si cette rente est élevée, les cotes individuelles s'en ressentiront nécessairement. En admettant
même qu'elle ne le soit pas, il se peut, qu'entraîné par
l'appas du gain et le désir de s'enrichir, le nouveau zamindar veuille modifier ce qui a été fait par son prédécesseur;
il en a assurément le droit ou autrement, il ne saurait être
astreint à subir les conséquences de la responsabilité pécu-
niaire et personnelle qui l'oblige envers le gouvernement.
Que deviennent alors les contrats que les acquéreurs et

les sous-fermiers de terres incultes ont passés avec le zamindar dépossédé? Prévaudront-ils contre les droits dévolus au nouveau zamindar qui n'a entendu, comme son prédécesseur, se rendre adjudicataire de toutes les terres, soit incultes ou incultivables, constituant son zamindary, qu'à la condition de les administrer, de les exploiter et de les taxer pour le mieux de ses intérêts, sans toutefois négliger de payer la rente stipulée au profit de l'Etat? S'ils doivent prévaloir, le zamindar ne jouit pas de la propriété du sol qu'il afferme; n'en jouissant pas, il ne saurait la conférer ni aux acquéreurs, ni aux sous-fermiers de terres incultes ou cultivables avec lesquels il a traité. S'ils ne doivent pas prévaloir, ces acquéreurs et ces sous-fermiers ne possèdent pas autrement que le zamindar avec lequel ils ont contracté, en d'autres termes, ils ne posséderaient qu'à titre d'usufruit ne donnant droit qu'à la jouissance du fonds sans en avoir la propriété. Tel est le dilemne dont il nous semble impossible de sortir.

On nous objectera, ici, que la loi de 1793 a formellement prévu le maintien des contrats passés par les zamindars avec les cultivateurs, c'est-à-dire, qu'aucun changement ne peut être apporté aux engagements primitifs. Si elle l'a prévu, ce serait une contradiction de plus à lui reprocher. En effet, elle a déclaré les zamindars propriétaires des terres affermées par eux. Pour qu'ils le deviennent et le soient de fait, aussi bien que de droit, il faut nécessairement qu'ils aient l'entière et libre disposition du sol, à l'exclusion du gouvernement, sans quoi ils n'en seraient que les usufruitiers.

Avant de conclure, nous discuterons, en peu de mots, le second moyen admis par John Briggs pour prouver que le système zamindary aiderait plus à l'appropriation du sol que le système raïyotvar.

Supposer qu'un fermier trouvera son intérêt à diminuer l'impôt fixé, c'est, d'abord, méconnaître le vrai mobile qui, d'ordinaire, guide cette classe de gens qu'on a toujours vue portée à dépouiller plutôt les cultivateurs qu'à en améliorer le sort, et cela, par des mesures qui ne leur profiteraient guère.

Nous concevrions que l'Etat, qui ne devrait toujours

agir que dans l'intérêt général, puisse consentir à une ré-
duction d'impôt; mais qu'un fermier général, uniquement dominé par l'intérêt privé et incité par des chances
de fortune qu'il ne dépendrait que de lui de réaliser, s'y
détermine de lui-même, afin d'avantager les cultivateurs,
tout en se causant du préjudice, cela dépasse notre ima-
gination et nous ne pouvons que nous étonner de la faiblesse du moyen allégué.

Admettons, pour un instant, qu'il soit applicable. Les
contradictions que nous allons signaler suffiront pour en
démontrer l'impossibilité.

Il est ici question d'impôt fixé (limited assessement).
Ce qui suppose l'intervention du fisc. Le zamindar,
quoique déclaré propriétaire du sol et seul responsable de
la rente due à l'Etat, ne serait donc pas libre de régler,
comme il l'entend, les cotes individuelles d'avance subordonnées à un maximum invariable. N'ayant pas cette
liberté, comment admettre qu'il puisse affermer les terres
incultes dépendant de son zamindary, au prix qui lui convient (at what rate he pleases)? Cela nous paraît contradictoire.

D'ailleurs, est-ce possible qu'avec la faculté de prélever
5o p. o/o d'impôt, en supposant que ce soit là le taux
réglementaire, les fermiers généraux se contentent de
n'en exiger que 40, que 3o, que 25 p. o/o? Qu'ils
aient augmenté la quotité de la rente individuelle pour
en faire leur profit, c'est ce qui s'est toujours vu, jusqu'à
ce jour; les déplorables péripéties auxquelles a donné
lieu, dans le Bengale surtout, l'application du système
zamindary en sont la preuve irrécusable. Mais, qu'ils
l'aient réduite, afin de soulager les pauvres cultivateurs,
c'est ce qu'aucun document, aucune relation digne de
foi n'est encore venue attester.

Il faut être à bout d'argument pour mettre en avant
des moyens pareils à ceux sur lesquels John Briggs se
fonde pour attribuer au système zamindary plus de tendance à créer la propriété foncière, dans l'Inde, qu'au
système raiyotvar.

Selon nous, et, d'après les considérations qui précèdent,
c'est le contraire qui serait plutôt vrai, à part les causes

que nous avons signalées plus haut, comme y portant obstacle, quant à présent.

L'appropriation du sol, impossible avec le système zamindary, ne l'est donc pas moins avec le système raiyotvar organisé tel qu'il est. Voyons si celui connu sous la dénomination anglaise de village-rent y serait plus favorable et si l'existence de soi-disants propriétaires terriens nommés màlik, ashràf bhàgdàr, pàttidàr, mirasdàr, etc., tous investis, suivant John Briggs et autres, de prétendus droits absolus et incommutables, a jamais pu se concilier avec les éléments qui constituent ce troisième mode de perception ?

Nous avons déjà fait connaître ces éléments qui auraient pour base le principe de l'association que les économistes les plus éminents considèrent, aujourd'hui, comme inapplicable, en France, attendu que la terre, en général, y est divisée de manière à rendre inutile le concours d'une réunion quelconque d'exploitants ou possédée en propre par le cultivateur lui-même (1), alternative dont les termes expliqués et développés dans le sens de la question que nous venons de nous poser relativement au village-rent, nous aideront à en trouver la solution.

La division du sol ou sa possession en propre par le cultivateur lui-même rendent inutile l'association agricole; cela n'a pas besoin d'être démontré. Il faut donc, pour que cette association soit praticable, que le sol soit possédé et exploité en commun. Dès lors qu'il sera prouvé que cette association s'est toujours pratiquée, dans l'Inde, depuis les temps les plus reculés et qu'elle s'y pratique encore aujourd'hui, plus de difficulté pour admettre, l'indivision du sol, sa possession en commun et, forcément, l'impossibilité de son appropriation par ceux qui l'exploitent, dans les diverses contrées où le système village-rent est en vigueur.

Il est impossible de ne pas reconnaître dans la constitution du village, l'état primitif de la société hindoue, lorsqu'elle touchait encore à son berceau. Incapables de

______

(1) Ouvrage de M. Thiers sur la propriété, livre III, chapitre 3.

se livrer isolément à l'exploitation agricole à cause de leur inexpérience, de leur état de dénûment et de la nécessité de fournir, tout d'abord, un capital d'exploitation suffisant, les premiers agriculteurs durent nécessairement s'associer pour travailler en commun, afin de s'aider mutuellement. Cette communauté, pour ainsi dire, naturelle, se maintenait sans chef; des cultivateurs n'en avaient pas besoin pour semer du blé, le battre et le vendre. Le choix d'un maître fut l'origine des rois (1) auxquels il fallut des sujets et ainsi prit naissance la société civile que les guerres intestines, les invasions étrangères, la division du peuple par classes et la multiplicité des castes modifièrent chez les Hindous, sans, toutefois, porter atteinte à la constitution du village dont les membres auraient eu, dans leur agglomération même, un moyen de se révolter et de tyranniser ou ceux qui les employaient, ou l'État lui-même, dans les moments où celui-ci était trop faible pour se faire respecter (2). Telle nous paraît être la principale cause de la stabilité du village hindou parvenu jusqu'à nous, sans subir la moindre altération, résultat qu'on ne peut attribuer qu'au principe fondamental sur lequel repose cette institution essentiellement exclusive de toute appropriation personnelle.

Mais, admettons, pour un moment, que cette cause ne soit pas la véritable, que le mode de perception dit villagerent soit de nature à faciliter l'appropriation individuelle du sol, voici ce qui en serait résulté.

Chacun pouvant se réserver la totalité ou la presque totalité des fruits de sa terre et en jouir, exclusivement aux autres, se serait vu réduit à défendre cette terre, non seulement contre les empiètements des voisins, mais encore contre les ennemis du dehors. Libre de travailler ou de ne pas travailler ou de se livrer à telle autre occupation moins pénible et plus lucrative, on aurait fini par négliger la culture du sol dont la stérilité, considérée comme ne nuisant qu'au possesseur et non à la communauté, aurait d'abord passé inaperçue, pour s'étendre et devenir ensuite

---

(1) *Dictionnaire philosophique* par Voltaire.
(2) Ouvrage de M. Thiers sur la propriété, *loco citato*.

une cause de ruine générale. Finalement, la communauté de village aurait disparu. Le sol divisé, morcelé et exploité par de petits propriétaires, indépendants les uns des autres, eût contribué à développer chez les individus d'autres sentiments que ceux auxquels l'Indien obéit. La liberté et l'égalité, conséquences forcées et inévitables de lapropriété pleine et entière du sol, eussent triomphé des divisions et des privilèges de castes.

L'Inde, en un mot, n'eut pas été ce qu'elle est et se fut gouvernée elle-même !!....

Au lieu de cela, nous voyons que le village s'est conservé et subsiste aujourd'hui aussi intact que du temps de Manou; que les terres sont encore possédées et exploitées en commun; que le fisc n'intervient que pour opérer la perception, sans avoir à s'immiscer ni dans la distribution des terres, ni dans la répartition de l'impôt foncier, ni dans la fixation des cotes individuelles; que l'administration intérieure dirigée par les plus anciens et les plus notables cultivateurs, en est seule juge et répond de la perception envers les agents de la collecte.

Débris antique et important d'un gouvernement qui n'est plus et dont le retour devient, de jour en jour, plus impossible, le village hindou doit fixer nos regards et notre attention, comme pouvant seul donner une juste idée de l'état de la terre sous le règne des lois natives. Cet état devait nécessairement coïncider et être en harmonie avec les mœurs et les habitudes locales.

Lorsqu'on sait que l'Indien ne s'appartient pas, mais qu'il appartient à sa caste, corps et âme; que, dans l'impossibilité de disposer de sa personne, de cette première propriété de l'homme, puisque sous peine d'être ignominieusement chassé par ses coreligionnaires, il faut qu'il s'applique au front tel ou tel emblème, se dispense de passer, dans telle ou telle rue, et se garde d'acquérir une propriété, d'en jouir, si elle se trouve située dans tel ou tel quartier de la ville; que, dans l'obligation, disons-nous, de ne disposer de sa personne que sous le contrôle incessant de la caste à laquelle il appartient, tout acte qui suppose l'exercice de son libre arbitre, lui est formellement interdit, comment admettre que l'appropriation personnelle soit accessible à l'Indien, absolument parlant, en ce qui concerne surtout le sol ?

Nous ne pouvons, à cette occasion, omettre de citer ici le passage suivant, extrait d'un *Mémoire* lu, en 1848, par M. Cousin, à l'Académie des sciences morales et politiques :

« La théorie qui fonde le droit de propriété sur une occu-
« pation primitive, touche à la vérité ; elle est même vraie,
« mais elle a besoin d'être expliquée. Qu'est-ce qu'occuper ?
« C'est faire sien, c'est s'approprier. Il y avait donc,
« avant l'occupation, une propriété première, au delà de
« laquelle on ne peut remonter, c'est notre personne. Cette
« personne, ce n'est pas notre corps, notre corps est
« à nous, il n'est pas nous. Ce qui constitue la personne
« c'est essentiellement, nous l'avons établi depuis long-
« temps, notre activité volontaire et libre, car c'est dans la
« conscience de cette libre énergie que le moi s'aperçoit
« et s'affirme. Le moi, voilà la propriété primitive et ori-
« ginelle, la racine et le modèle de toutes les autres. C'est
« de celle-là que toutes viennent, elles n'en sont que des
« applications et des développements. La personne hu-
« maine, intelligente et libre, et qui, à ce titre, s'appartient
« à elle même, se répand successivement sur tout ce qui
« l'entoure, se l'approprie et se l'assimile ; d'abord, son ins-
« trument immédiat, le corps, puis les diverses choses
« inoccupées dont elle prend possession la première, et
« qui servent de moyen, de matière ou de théâtre à son
« activité. Ainsi doit être expliqué le droit de premier
« occupant après lequel vient le droit qui nait du travail
« et de la production. Le travail et la production ne cons-
« tituent pas, mais confirment et développent le droit de
« propriété. L'occupation précède le travail, mais elle se
« réalise par le travail. Tant que l'occupation est toute
« seule, elle a quelque chose d'abstrait, en quelque ma-
« nière, d'indéterminé aux yeux des autres, et le droit
« qu'elle forme est obscur ; mais quand le travail s'ajoute
« à l'occupation, il la déclare, la détermine et lui donne
« une autorité visible et certaine. Par le travail, en effet,
« au lieu de mettre simplement la main sur une chose qui
« n'appartient encore à personne, au lieu d'y toucher, pour
« ainsi dire, en passant, nous y imprimons notre caractère,

« nous nous l'incorporons, nous l'unissons à notre per-
« sonne; c'est là ce qui rend respectable et sacrée aux
« yeux de tous la propriété sur laquelle a passé le travail
« libre et intelligent de l'homme. Usurper la propriété
« qu'il possède en qualité de premier occupant est une ac-
« tion injuste; mais arracher à un travailleur la terre qu'il
« a arrosée de ses sueurs est aux yeux de tous un crime
« manifeste. »

Appliquons maintenant ces idées à l'Inde, aux peuples
qui l'habitent et aux institutions qu'elle nous a conservées :
nous verrons si les conséquences seront les mêmes.

Le droit de premier occupant, que le travail ne fait que
confirmer, a-t-il jamais pu subsister pour les Indiens divisés de caste et de religion? Les basses castes ont-elles
jamais pu l'exercer à l'instar et avec les mêmes avantages
que les castes privilégiées? Le travail qui a toujours été
le partage des esclaves a-t-il jamais pu servir à confirmer
et à développer un droit quelconque? Les hautes castes
affranchies de l'obligation de travailler et réduites, par
conséquent, à ne profiter réellement que de l'occupation,
pourraient-elles prétendre à une appropriation personnelle, immédiate du sol? Les basses castes, qui n'occupaient que sous le bon plaisir des castes privilégiées et dont
le travail n'était pas libre, le pouvaient-elles davantage ?

Chacune de ces questions aurait besoin d'être examinée
et traitée à fond; mais l'espace nous manque. Nous allons
donc nous borner aux seules explications indispensables.

En ce qui concerne le droit de premier occupant, les
modernes Hindous nous ont toujours paru mettre autant
de chaleur à le revendiquer contre les gouvernements dominants qu'à le refuser aux individus nés de basses castes.
D'où il suit que, loin de le considérer comme un droit
également accessible à tous, ils n'y verraient qu'un privilège inhérent aux castes supérieures. Or, un fait historique bien constaté, c'est assurément la conquête de l'Inde
par les modernes Hindous; les races aborigènes dont on
retrouve partout des débris, ne permettent pas d'en douter. La possession du sol par les indigènes, disons mieux,
par l'élite de la population hindoue, n'aurait donc pour
fondement, aussi bien que celle des gouvernements domi-

nants, que le droit de conquête. De même que la classe sacerdotale et la militaire, en se réservant l'occupation pure et simple à titre de prérogative de naissance, de distinction attachée à leur rang, à leur supériorité, s'affranchirent du travail qu'elles imposèrent comme une obligation sacrée aux castes inférieures et contribuèrent, non seulement à perpétuer le caractère primitif de la possession ne reposant que sur le droit de conquête, mais encore à transformer ce droit en droit de premier occupant, lequel n'ayant jamais été complété par le travail, n'a pu créer, au profit de ces deux classes, qu'un droit incomplet de propriété que la transmission n'a pu développer, ni parfaire ; de même, les classes inférieures, réduites à ne pouvoir prétendre au droit de premier occupant incompatible avec la position sociale qu'on leur fit, par la raison qu'il aurait inévitablement rétabli l'égalité civile et politique entre elles et les classes supérieures, ne durent jamais puiser dans le travail auquel elles étaient condamnées parles lois, qu'un droit d'autant plus imparfait que, n'ayant pas pour fondement l'occupation, il ne pouvait servir à constituer la propriété.

Or, les classes viles en possession seulement du droit résultant du travail, comme les hautes l'étaient du droit de premier occupant, les distinctions et les privilèges de castes, ainsi que toutes les inégalités sociales qui font qu'il y a des supérieurs et des inférieurs, des nobles et des roturiers, y prirent naissance et se perpétuèrent.

Pour y remédier, il aurait fallu le travail lui-même, mais le travail libre et intelligent, seul capable de réaliser la propriété dans toute sa plénitude, but qui ne lui fut jamais possible d'atteindre dans l'Inde, où il n'aurait été et ne serait encore, dans certaines contrées, que le partage des esclaves.

Aussi, est-ce à cette cause qu'il faut s'en rapporter pour concevoir non seulement ces gigantesques travaux qui étonnent tous les voyageurs, et ces temples dont la construction a dû nécessiter un emploi considérable de bras, mais encore ces richesses extraordinaires entassées depuis des siècles et qui devinrent la proie des conquérants Musulmans. Certes, si l'Inde a été l'une des contrées les plus riches, les plus prospères de l'antiquité, c'est au despotisme de ses rois et à l'esclavage de ses peuples qu'elle l'a dû. Témoin l'état d'opulence et de splendeur auquel parvinrent les grandes colonies sucrières fondées tant par les Anglais que par les Français, en Amérique et ailleurs, alors que le travail n'occupait que des mains esclaves dont l'affranchissement fut, pour ces magnifiques pays, une occasion de décadence et de ruine.

Il est incontestable que la puissance de production résultant de l'application simultanée et continue de bras d'hommes attachés, comme on dit, à la glèbe et dirigés par une volonté, une intelligence supérieure, est incalculable. Car, après tout, ce ne sont pas des machines que ces êtres passifs, il est vrai, mais doués quelquefois de beaucoup d'énergie et d'une activité susceptible de se modifier à l'infini, circonstance sans laquelle on comprendrait difficilement tout ce que l'antiquité a produit de remarquable en fait de monuments.

Peu importe; les droits de l'humanité sont imprescriptibles. Réduire l'homme à faire abnégation de son libre arbitre, de ses facultés intellectuelles, et à se ravaler à l'état de la brute pour s'utiliser au profit de son semblable, n'est-ce pas insulter à sa dignité, le tuer moralement ? N'imitons donc pas l'antiquité et répudions tout ce qu'elle nous a légué de défectueux, d'odieux à cet égard! Affranchissons le travail ! Que le travail ou son produit devienne l'instrument le plus propre à constituer la propriété ! Que la propriété, comme l'a dit un écrivain célèbre, soit le travail accumulé ! Qu'à ce titre qui l'élève à la hauteur d'un droit, elle demeure accessible à tous, sans distinction de caste, ni de couleur ! Que l'humble paraea puisse y prétendre et en jouir, à l'égal de tous et qu'on ne le repousse plus en lui disant : « Retire-toi ; ta place est ailleurs, car tu n'as pas droit de cité . »

Le droit de premier occupant n'appartiendrait, suivant nous, qu'aux individus reconnus, aujourd'hui, comme constituant la race aborigène, tout à fait distincte de la race conquérante, destinées, l'une et l'autre, à se haïr et à se détruire mutuellement , plutôt que d'en venir à un rapprochement, à une réunion si désirable , pourtant, dans leur propre intérêt.

En admettant même que la ligne de démarcation à jamais ineffaçable qui sépare les paraea des autres classes du peuple, soit insuffisante à prouver qu'ils ont les premiers habité le sol, il est d'autres caractères distinctifs qui doivent nous les faire considérer comme un peuple assurément primitif.

D'abord, dans toutes les contrées de l'Inde, on les retrouve frappés de la même réprobation et, dans cet état d'avilissement et d'abrutissement dont pas un voyageur n'a omis de parler. Tels sont les *vidas* ou *bedas*, dans l'île de Ceylan ; les *poulia*, sur la Côte Malabare ; les *ghound*, dans les pays inexplorés baignés par le Mahanùddi; les *hùllia*, dans le Canara et le Maïssour; les *paraea* (1), les *pallar*, les *vallouvar*, les *palli*, sur la Côte Coromandel et sur tout le littoral, depuis Orixa jusqu'à Maduré. Partout repoussés comme une race méprisable et déchue du droit d'habiter avec les autres classes du peuple, l'esclavage a dû avoir été longtemps et serait encore, dans certaines contrées, leur condition véritable, signe non équivoque de leur asservissement qui remonterait à une époque très-reculée. Il nous semble que, par cela même qu'il ne leur serait permis d'habiter qu'à la distance la plus éloignée des villes, de ne passer que dans certaines rues, de fuir à l'approche d'individus appartenant à une classe supérieure, particularités qui expliqueraient pourquoi cette portion malheureuse de la population indigène n'a pu, jusqu'à ce jour, profiter des bienfaits de la civilisation, au grand applaudissement de ses oppresseurs qui se flatteraient encore qu'en parvenant à l'abrutir, à l'anéantir, ils raffermiraient en eux le droit d'usucapion qui leur est généralement contesté; par cela même que les paraea, les palli, les vallouva et autres,

---

(1) Outre ce que nous avons rapporté en note à la page 16 de cet *Essai*, pour établir l'existence en corps de nation des paraea, sous la dénomination de Houllia, dans le Maïssour et le Canara, nous trouvons dans le *Dictionnaire tamoul et anglais* du R. P. Rottler, l'énumération suivante des 13 principales divisions de cet ancien peuple, qui sont : Vallouvaparae, Tàdaparae, Tangalànaparae, Tirsàliparae, Kujiparae, Tipparae, Murasaparae, Ambuparae, Vadugaparae, Aliaparae, Vajiparae, Vettiyarparae, Koliaparae.

en possession du droit né du travail, auraient été dépouillés par les modernes Hindous de celui résultant de
l'usucapion, de l'habitation du sol, il nous semble, disons-
nous, que les avantages que ceux-ci s'attribuent, à raison
de leur supériorité, de leur prééminence, ne reposent que
sur le droit de conquête et qu'en cela ils se trouvent
placés envers les aborigènes dans la même position que
les gouvernements actuellement dominants le sont envers
eux; que, dès lors, c'est à tort qu'on se préoccupe de
leurs prétentions à l'occupation immémoriale du pays,
prétentions dont ils excipent pour établir le droit qu'ils
auraient de disposer du sol, à titre de propriété pleine et
entière, exclusivement à la race aborigène qu'ils considèrent comme ne devant pas y prétendre; qu'en un mot,
l'appropriation du sol ne saurait être revendiquée par les
modernes Hindous que comme un privilège, tandis
qu'elle peut l'être comme un droit, par les paraea, les
palli, les vallouva, etc. et cela, conséquemment aux mœurs
et aux institutions des peuples de l'Inde, telles qu'on les
observe encore aujourd'hui.

Incontestablement et comme nous l'avons déjà dit, la
division du peuple hindou en classes supérieures et serviles, division expressément consacrée et maintenue par
les lois du pays, au lieu d'aider à l'appropriation du sol,
par la confusion dans les mêmes individus des deux
éléments essentiels et constitutifs de la propriété, qui
sont l'usucapion et le travail, y a été virtuellement contraire. Le droit de disposer en souverain, en maître absolu,
du sol et de ses produits, sans avoir rien fait pour se les
incorporer, a donc toujours été, dans l'Inde, depuis la
civilisation brahmanique, surtout, un privilège de naissance (djanmam), un avantage consacré par l'hérédité
(miras), une véritable propriété féodale créée par la conquête et rendue inaccessible par la loi à quiconque n'est
pas né propriétaire. S'il est vrai que cette propriété là
n'existe plus en France, elle n'en est pas moins la seule qui
puisse se concilier avec l'état de la société et les idées
dominantes chez les Hindous qu'on ne doit toujours apprécier qu'au point de vue des seuls principes consacrés
par l'antiquité. Or, il est reconnu et on peut le dire

sans craindre d'être démenti, que l'antiquité n'a jamais considéré la propriété comme un droit inhérent à l'homme, essentiel à la nature humaine. Elle ne le pouvait pas, en raison surtout des catégories, des inégalités civiles et politiques qu'elle avait données pour base à la société dont une moitié était irrévocablement et despotiquement sacrifiée au profit et pour le bien-être de l'autre. Ainsi, ne concédant à l'homme que la surface de la terre, elle ne lui en accordait pas le fond, distinction importante et qui expliquerait l'immutabilité des mœurs hindoues, comme de celles des Arabes (1) et des Juifs (2). Si, au lieu de cela, elle avait aliéné le fond, affranchi l'homme en le rendant maître absolu de sa chose, il en serait résulté que le travail également supporté par tous, aurait créé des droits égaux et généralisé la propriété dont le principe fondamentalement incompatible avec les privilèges et les prérogatives de castes, les eut bientôt effacés ; partant, la physionomie caractéristique du pays n'eut plus été la même.

D'ailleurs, l'esclavage né du triomphe du fort sur le faible, fut, de tout temps, en Asie surtout, le partage des peuples vaincus et subjugés. Si l'on n'y trouve encore que des maîtres et des esclaves, de riches oisifs et de pauvres hères auxquels on donne à peine de quoi se sustenter,

---

(1) La question de la propriété du sol, en ce qui touche les Arabes de l'Algérie, n'a jamais été mieux résumée que dans les lignes suivantes : « Ce n'est un secret pour personne que les Arabes avaient la jouissance et « non la propriété du sol. Ils en jouissaient, aux termes de la loi musul- « mane, par la permission du sultan, seul propriétaire. Vivant en tribus « errantes, ils campaient sur le sol. On parle de civiliser les Arabes ! Il « semble que nous ayons conquis l'Algérie dans l'intérêt des Arabes, et « pour leur être agréable. Ils se croient aussi civilisés que nous. Et « notre politique incertaine et si souvent contradictoire n'est pas pour « leur donner une haute idée de notre sagesse. »

Nous pouvons ajouter ce qui suit :

« La propriété indigène était en Algérie, collective et indivise ; la pro- « priété individuelle n'existait pas. Or, quel est le premier symptôme de « la civilisation, si ce n'est le droit de propriété régulièrement constitué ? « Est-ce que la propriété indivise n'est pas le fait les sociétés naissantes ?

« La première condition pour préparer l'œuvre de la civilisation, c'est « donc la constitution de la propriété. » (Très bien). S. Ev. Mxc. Rouher, Ministre d'Etat. Corps législatif, séance du 5 mars 1866.

(2) Voir l'*Annexe A*.

après les avoir employés aux plus pénibles labeurs, c'est la preuve la plus évidente d'une domination étrangère imposée au pays qui dut la subir pour ne pas succomber à ses malheurs : or, il est impossible, ce nous semble, de se méprendre sur la véritable condition des paraea, des palli, des vallouvá, formant la portion la plus nombreuse et la plus malheureuse de la population indigène devenue la propriété, pour ainsi dire, des classes supérieures qui la dominent en vertu du droit de conquête. La servitude des classes viles daterait donc de l'asservissement de leur patrie par les modernes Hindous et ainsi s'expliquerait cette invincible répulsion que ceux-ci, accoutumés à les traiter en peuple conquis et esclave, manifestent à leur égard.

Quel dût être l'état du village hindou antérieurement à la civilisation et à la domination brahamaniques ? Quel qu'il fut, il n'a jamais pu impliquer l'esclavage comme une raison d'être indispensable. Des hommes, des agriculteurs surtout, s'assemblant pour la première fois, dans le but convenu de travailler en commun, ne durent admettre ni supérieurs, ni inférieurs ; soumis au principe de l'égalité, ils devaient former une communauté naturelle, qui est un état très-antique, très-barbare, très-improductif, comme l'a dit M. Michelet (1). Le despotisme, introduit avec les conquêtes étrangères, modifia ce premier régime de société en y ajoutant un élément nouveau, l'esclavage, qui se serait tellement infiltré dans les mœurs hindoues qu'il en formerait l'un des principaux fondements.

C'est par le fait de cette transformation sociale que l'appropriation du sol devint rigoureusement impossible sous le gouvernement hindou. Les vainqueurs, en s'attribuant le droit de premier occupant dont ils dépouillèrent les vaincus et en leur imposant le travail comme une obligation inévitable, aboutirent à l'indivision du sol, les deux éléments essentiels pour constituer la propriété privée, pleine et entière, qui sont l'usucapion et le travail, ayant été, conséquemment au droit de conquête, divisés et répartis de manière à ne pouvoir jamais se rencontrer dans le même individu.

---

(1) *Le Peuple*, par M. Michelet, chapitre 6 de la 2ᵉ partie.

L'indivisibilité serait donc la base sur laquelle reposeraient toutes les institutions hindoues, à commencer par la propriété du sol.

En ce qui concerne la famille, nous avons déjà essayé de démontrer que le principe et le but qu'elle comportait étaient la communauté. Cette opinion nous paraît tellement vraie et fondée que l'indivision se présume toujours, dans l'Inde, lorsqu'il s'agit d'une succession à partager ; tandis que l'absence de communauté, en d'autres termes, la division des biens doit se prouver par titre authentique.

Les familles en se groupant, en se rapprochant pour travailler et s'aider mutuellement, ont dû apporter dans la formation du village le même esprit que celui qui avait présidé à leur propre constitution. La communauté du sol et des travaux a dû avoir été la conséquence de l'indivision des biens. Ce sont deux faits corélatifs tellement inséparables qu'au point de vue de l'époque à laquelle nous nous reportons, il est impossible de les diviser. De même qu'on recourait à son voisin pour défricher le sol et en recueillir les fruits, de même on comptait sur lui, sur son aide, pour conserver ces fruits, à défaut de la force publique qui n'existait pas encore.

On a toujours allégué que la modicité de la redevance originairement perçue était une preuve de l'existence de la propriété. Si la modicité de la redevance devait prouver quelque chose, ce serait plutôt la communauté que la propriété ! En effet, chacun contribuant selon ses facultés et ses moyens, aux travaux d'utilité générale et à l'entretien des employés, serviteurs et artisans dont le secours profitait à tout le village, l'impôt foncier devait nécessairement se réduire à peu de chose. Si l'on en croit le major Wilks, cet impôt n'aurait été, dans le principe, que du dixième du revenu, portion traditionnellement payée dans l'Inde. Ce n'est que plus tard qu'il a été porté au sixième, taux payé actuellement encore (1), dans la petite principauté de Coorg et que les Danois trouvèrent établi à Ceylan où ils le maintinrent.

----

(1) C'est à dire à l'époque où le major Wilks a écrit son ouvrage. Voir le chap. 5 p. 144 note.

Manou, qui a fixé au quart du revenu le taux de la redevance, donnerait à penser que la terre était devenue plus
productive de son temps. Pour obliger à la rendre plus
productive encore, il a, sans doute, cru devoir en augmenter l'impôt, mesure dans laquelle il vit encore un
autre avantage, celui d'aider à l'appropriation du sol, en
y attachant davantage le possesseur. En effet, plus la possession du sol impose de charges, plus on est forcé de le
travailler pour y suffire ; de sorte que la valeur vénale s'en
augmentant, on se l'incorpore comme une chose réellement à soi. D'ailleurs, l'extrême abaissement de la redevance pourrait contribuer à rendre difficile, sinon impossible, l'appropriation du sol. Le cultivateur qui se conten-
terait, par exemple, de ne faire rapporter à son champ que
tout juste de quoi payer l'impôt, les frais de culture et la
part de bénéfice qu'il doit en retirer, sans chercher à en
accroître le rendement, par cela seul que le taux de la redevance serait modique, courrait évidemment la chance
de le rendre improductif, en ne l'améliorant pas, résultat
qui le conduirait à faire de son champ un bien à l'appropriation, à l'assimilation duquel il finirait, peut-être, par
devenir indifférent, insensible.

Est-ce à dire pour cela que le taux excessif de l'impôt
serait non seulement un indice plus certain de l'existence
de la propriété exclusive et incommutable parmi les cultivateurs dans l'Inde, mais encore un moyen plus facile de
l'établir ? Non, assurément ; mais, nous sommes persuadé
qu'une juste proportionnalité entre le rendement de la
terre et la quotité de l'impôt qu'elle acquitte, serait le
seul *criterium* au moyen duquel on maintiendrait cet équilibre indispensable et si nécessaire pour sauvegarder l'intérêt du fisc comme celui du contribuable. Cela dit,
il nous paraît évident que la modicité de la redevance ne
saurait être jamais prise comme une preuve certaine du
fondement de la propriété foncière à titre absolu, laquelle,
dans le pays où elle est le mieux constituée, emporte des
charges qui augmentent en raison des progrès qu'elle fait
vers sa véritable condition. Car, dans l'état actuel des
choses, comme on l'a très-judicieusement fait observer, le
propriétaire nominal n'est, le plus souvent, que le gérant

d'une société en commandite dont les actions sont disséminées à l'infini. Lui seul a la responsabilité des pertes, mais il est loin d'avoir droit à tous les bénéfices (1).

A part ces considérations générales, il en est de particulières et d'un ordre plus positif qui prouvent que le sol n'a jamais pu être possédé, à titre de propriété absolue et exclusive, sous le gouvernement hindou, surtout avec le système de perception appelé village-rent.

S'il est un droit inhérent au propriétaire, c'est, sans contredit, celui de disposer librement de sa propriété, soit par vente, donation, échange ou autrement : toute restriction apportée à l'exercice de ce droit est la preuve non équivoque que, frappé dans son essence même et dépouillé du caractère absolu qui lui est propre, il n'existe plus que nominalement et que, quels que fussent les avantages qu'il comporterait dans cette nouvelle manière d'être, on ne saurait y compter, à raison du peu de certitude que l'on aurait d'en jouir comme d'une chose entièrement à soi.

Au sujet de la vente d'une terre, Manou, le plus connu des légistateurs hindous, exige l'accomplissement des six conditions suivantes :

1° Le consentement des habitants de la ville ;

2° Celui des parents;

3° Celui des voisins ;

4° Celui des héritiers ;

5° La délivrance de l'or ;

Et 6° la délivrance de l'eau.

Le célèbre Kulluka-Bàta, qui a recueilli, coordonné et commenté Manou, ajoute une septième condition aux six qui viennent d'être énumérées, c'est le consentement du souverain (2).

---

(1) *Du libéralisme socialiste* par M. Léonce de Lavergne, *Revue des deux mondes.* Tome xxii° 18° année 6° livraison, pp. 842 à 860.

(2) John Briggs, p. 30, ne rapporte que les six premières conditions. Le major Wilks, chap. 5 p. 123, en faisant mention de la septième, donne à entendre que Kulluka-Batta se serait plu à l'ajouter aux autres dans l'intention d'avantager le souverain, au détriment de ses sujets. Singulier système d'interprétation avec lequel on pourrait remettre en question tout ce que renferment les lois hindoues.

Il est clair qu'avec de semblables conditions, le droit de disposer par vente ou d'aliéner n'importe comment sa terre, devait se trouver soumis à des restrictions tellement destructives du principe de la propriété que l'exercice de ce droit devenait impossible, sous le règne des lois hindoues. De quelque manière qu'on veuille les entendre, elles devaient gêner, entraver le soi-disant propriétaire dans l'accomplissement d'un acte essentiellement personnel et dont la sanction, au lieu de dépendre de sa seule volonté, impliquait un concours de faits et de particularités qui, venant à manquer, devait le réduire à l'impuissance.

Mais, nous ferons remarquer que l'observance de ces conditions est assurément la meilleure, la plus positive de toutes les preuves que nous ayons déduites jusqu'ici de l'existence de la communauté chez les Hindous. Si la possession du sol eut été exclusive, à quoi bon le consentement des habitants de la ville, celui des voisins, et celui non seulement des héritiers, mais encore des parents ? C'est bien parce que cette possession était indivise que tous avaient le droit de s'y immiscer. Le contraire nous paraît tellement impossible que quelques mots suffiront pour le démontrer.

La division des castes importe tellement aux Hindous que, pour la maintenir et la sauvegarder, leurs législateurs n'ont pas hésité à y sacrifier les droits les plus sacrés de l'homme, tels que la propriété, la liberté, l'égalité. A l'instar des tribus arabes et juives, les castes de l'Inde ont toujours été jalouses de se conserver pures de toute immixtion étrangère ; le plus sûr moyen d'y parvenir était l'indivision du sol occupé en commun par tous les membres de la caste et dont l'aliénation n'était possible qu'avec le consentement exprès de chacun deux, disposition conservatrice, s'il en fut jamais et qui, seule, peut expliquer l'étonnante immutabilité des mœurs, institutions et usages de l'Inde. Le morceau de terrain que chaque membre habitait ou exploitait ne lui ayant jamais appartenu en propre, il lui fallait remplir les sept conditions précitées pour pouvoir valablement l'aliéner, aliénation subordonnée conséquemment à une foule d'éventualités et même d'empêchements qu'il n'était pas toujours au pouvoir du vendeur de prévenir. Ainsi, l'acquéreur était-il d'une basse caste ou d'une religion différente, la vente n'avait pas lieu, pour ne pas exposer la communauté de caste à une dissolution, à une dispersion inévitable de ses membres, laquelle eut entraîné l'admission, dans son sein, d'individus ou supérieurs ou inférieurs les uns aux autres. Nous avons beau vouloir assigner une autre cause à cette persistance avec laquelle chaque caste défend les prérogatives qui lui sont particulières, nous ne pouvons y parvenir; la seule qui nous paraisse vraie et incontestable n'est autre que l'absence de la propriété, du droit inhérent à tous indistinctement de s'approprier le sol par le travail et d'en jouir dans toute la plénitude que comporte ce droit. Si la propriété, si les avantages qu'elle confère, au lieu d'avoir été exclusifs à un petit nombre, avaient pu profiter à tous sans restriction, la division des castes eut disparu infailliblement, pour ne faire de tous les Indiens qu'un seul et même peuple capable de se gouverner et de se passer de l'intervention d'une domination étrangère quelconque, intervention qui, dans l'état actuel des choses et à raison surtout de la division des castes, lui sera toujours nécessaire.

Pour nous résumer et arriver à une solution en ce qui concerne le droit soi-disant de propriété, connu dans l'Inde, sous la domination arabe de miras, nous allons rapporter ici l'opinion émise, à cet égard, par l'honorable M. Chamier (1), homme recommandable par l'étendue de son savoir, par la spécialité des études qu'il fit pendant son long séjour dans l'Inde, particulièrement à Madras où il remplit les hautes fonctions de membre du gouvernement, de président du Comité du revenu, de la marine et du collége, etc., opinion à laquelle nous nous rallions.

---

(1) Dans le *Friend of India*, journal publié à Calcutta, nous lisons ces lignes écrites à l'occasion du départ de M. Chamier :

« M. Chamier, the senior member of counceil at Madras, has just « quitted Madras and retired to England, after a long and zealous carrier « of services extending over a quarter of a century. He was esteemed « one of the ablest and most experinced public officers at that presidency, « with the internal economy of which he was perhaps more intimately « acquainted than any other gentleman in the service. » Voir le numéro du mercredi 3 février 1848.

complètement, attendu qu'elle nous paraît être la seule
fondée, la seule vraie, au point de vue des mœurs, des
institutions et de la législation du peuple Hindou.

Pour mettre le lecteur à même de suivre M. Chamier
dans toutes les déductions qui l'ont conduit à s'arrêter à
la définition qu'il donne du droit de propriété, tel qu'il
existe dans l'Inde, nous croyons utile de reproduire ici,
textuellement, la réfutation qu'il a faite des différents
passages de l'*Histoire du Maïssour*, par le major Wilks,
dans lesquels cet auteur admet comme incontestable
l'existence de la propriété individuelle chez les Hindous.

Nous adoptons, dans notre exposé, l'ordre des pages
de l'ouvrage du major Wilks, cet ordre ne dérangeant en
rien l'enchaînement des idées qui règne dans les anno-
tations marginales de M. Chamier (1).

« *Pages* 134-135 : Il est démontré jusqu'à l'évidence
« qu'en Egypte, le cinquième de la récolte représentait
« l'impôt foncier ou la portion afférente au souverain.
« Pharaon prit la cinquième partie du produit de la terre
« d'Egypte pendant les sept années d'abondance. Le cin-
« quième devait être, par conséquent, la part fixe de Pha-
« raon ; et, après l'acquisition qu'il est supposé avoir faite
« des terres et des habitants de l'Egypte, en échange des
« provisions fournies par lui, lors de la famine, un cin-
« quième fut tout ce qu'il continua d'exiger. J'espère que
« les écrivains bibliques me pardonneront la présomption
« de présenter une courte observation concernant cette
« transaction. Le savant Blackstone est d'avis que,
« comme les souverains de la féodalité des temps plus
« récents, Pharaon acquit, par cette transaction, des
« droits allodiaux et concéda, en retour, des terres à titre
« de bénéfice ou de fief et le *subtil investigateur* des
« fondements des monarchies asiatiques pense que, par la
« dernière partie de la transaction, Joseph ne fit que lier
« plus étroitement les cultivateurs à l'obligation de payer
« au souverain l'impôt établi. »

« *Annotation :* N'est-ce pas bien singulier que, dans tout le
« cours de cette discussion, le major Wilks n'ait pas daigné
« signaler les arguments de ce *subtil investigateur*, en ce qui

----

(1) Voir l'*Annexe B*.

« concerne le droit de propriété du sol dans l'Inde? Le major
« Wilks ne devait pas ignorer qu'en cette matière l'opinion de
» Patton est diamétralement opposée à la sienne ; et qu'elle est,
« en même temps, appuyée sur une argumentation des plus
« pressantes et sur un raisonnement des plus concluants. Le
« major Wilks a dû se sentir incapable (ses écrits, pourtant,
« ne dénotent pas souvent un défaut de confiance dans ses
« propres forces), de répéter l'opinion de Patton sur cette
« question. (Voir le résumé inséré à la page 198 de l'*Histoire*
« *du Maissour*). »

« *Page* 171 : Et le mirassi d'un villageois se définit
« ainsi : Un privilège de culture acquis par une résidence
« de père en fils. »

« *Annotation* : Au mot privilège substituer droit, et rien
« ne peut être plus exact que cette définition du miras ou ka-
« niyatchi. Manou entend-il autre chose lorsqu'il dit : La terre
« cultivée est la propriété de celui qui aura abattu les forêts
« ou qui, le premier, l'aura défrichée et labourée. L'auteur que
« le major Wilks cite principalement dans tout ce qu'il écrit
« sur les tenures foncières de l'Inde, est M. Ellis, homme de
« grand talent et qui a fait beaucoup de recherches, mais dont
« la partialité à l'égard des Indiens (poussée jusqu'au ridicule), l'a
« amené à formuler, pour lui et pour eux, un corps de droits et
« de privilèges jusqu'alors totalement inconnus dans l'Inde
« et qui sont encore incompris de ceux mêmes que ce système
« était destiné à avantager. »

« *Page* 173 : Si, dit le collecteur, lui (le mirasdar) n'a-
« vait qu'un droit d'exploitation ou un privilège de culture,
« ce serait pour lui, de même que c'est pour le payakâri,
« quelque chose n'ayant pas de valeur réelle. *Le miras-*
« *dar, au contraire, vend, nantit, donne ou lègue ses terres*
« *à ses descendants, tandis que le payakâri ne peut pas*
« *faire de même.* »

« *Annotation* : Il est si loin de posséder un droit de pro-
« priété absolue que M. Ellis admet catégoriquement que
« l'Etat peut transférer les terres à un autre, si le mirasdar (ou
« la personne investie du droit de culture) refuse de les ex-
« ploiter. (Voir son *Mémoire* imprimé sur le mirassi.) »

« *Page* 175 (note) : Mais, croyant et ayant, je le pense,
« *prouvé* que les kanyatchikars sont les propriétaires
« du sol, il est inutile de qualifier l'acte qui confère le droit
« de propriété de ce sol à d'autres personnes et ne leur
« assure que les droits inhérents à la condition d'un fer-

« mier. Un *membre* du comité du revenu, homme hono-
« rable et éclairé (*), observe, dans une note annexée à
« un rapport d'inspection des provinces méridionnales,
« que zamindars, radjahs, paligars, jaguirdars, sont tous
« des représentants du gouvernement, auxquels on a trans-
« féré le privilège de percevoir les impôts du gouverne-
« ment et non la propriété absolue de la terre, et le droit
« d'exiger des impôts. »

« *Annotation* : Prouvé en effet !!! (*) M. Hodgson : un
« partisan de M. Ellis, homme à grands préjugés.

« *Même page* : Toujours sous condition de payer l'impôt
« règlementaire. »

« *Annotation* : Certainement ; ce n'est qu'à cette condition
« seule qu'ils possèdent leur mirassi. »

« *Page* 180 : Le collecteur (du Maduré), avec une fran-
« chise honnête et éclairée, qui est vraiment admirable,
« comprend au nombre des obstacles à la vente libre des
« biens-fonds, les règlements du gouvernement qui con-
« fèrent aux habitants seuls le droit de propriété, etc. »

« *Annotation* : Ce collecteur était évidemment un insigne
« lourdaud, (blockhead) et n'entendait pas plus que le major
« Wilks, les droits respectifs de l'État et des mirasdars ; car,
« autrement, il n'eut pas écrit et le major Wilks n'eut pas copié
« de pareilles sottises. »

« *Page* 192 : L'auteur des *Principes des monarchies
« asiatiques*, soutient, avec une grande vigueur, que le
« zamindar n'ayant droit qu'au dixième de la somme per-
« çue pour le roi, il est absurde d'appeler propriétaire un
« individu auquel il ne revient qu'un dixième (saverum),
« tandis que les neuf autres dixièmes sont appelés droit,
« impôt, cens. Le raisonnement est concluant : mais l'in-
« génieux auteur n'en a pas dévoilé l'absurdité jusqu'au
« bout. »

« *Annotation* : Le major Wilks est heureux de pouvoir citer
« ici Patton, par ce qu'il répond à ses vues ; mais il prend un
« soin tout particulier d'omettre ses arguments lucides et serrés
« sur les droits du souverain. »

« *Même page* : On a surabondamment prouvé que
« ni le souverain, ni le zamindar ne sont propriétaires. »

« *Annotation* : Ceci est faux. M. Patton démontre claire-
« ment et rigoureusement que le droit existe dans le pouvoir
« régnant. »

Opinion de Patton, auteur des *Principes des monar-chies asiatiques*, rapportée par M. Chamier, à la page 198 de l'*Histoire du Maïssour*, et à laquelle il se réfère:

« La propriété du sol est complexe, dans l'Inde. Il y a
« la propriété absolue donnant droit à l'impôt, et préexis-
« tant dans le souverain qui peut la transférer ou la délé-
« guer. Il y a le droit de possession (communément appelé
« mirassi), qui assujettit à l'impôt et préexiste dans le
« cultivateur (raiyot) ou celui qui détient le sol, sous
« l'obligation de le cultiver, afin d'en payer la rente ou la
« redevance à l'Etat ou à ses représentants. Ce dernier
« droit étant fondamentalement héréditaire et transmissible
« à la fois, équivaut à la propriété, mais à la propriété
« toujours subordonnée et inhérente à celui qui est le pro-
« priétaire absolu du sol. »

Jamais définition n'a été plus complète, plus appropriée à l'élément constitutif de la vieille société hindoue, qui est l'esprit de caste. L'Indien vît et meurt imbu d'une foule de préjugés et d'observances qui enlacent sa personnalité comme dans un réseau inextricable. Il s'en dégage un peu, assurément, dans les grands centres où les Européens dominent; mais, dans les contrées et les villes administrées par un ou deux fonctionnaires métropolitains ou par les indigènes eux-mêmes, l'action civilisatrice est nulle. Il faudrait que l'instruction pénétrât dans les masses. L'intervention d'une nation étrangère, reconnue indispensable pour maintenir l'édifice social, en Asie, et l'empêcher de crouler, y aidera puissamment, nous le croyons, mais à la seule condition de constituer, pour les natifs, la propriété individuelle sur une base plus solide, en l'affranchissant des étranges restrictions imposées par la loi de Manou, afin que l'exercice du droit qu'elle confère ne puisse être jamais anéanti, ni confisqué au profit des priviléges et distinctions de castes qui excluent le progrès.

FIN.

ANNEXES

ANNEXE *A*.

La réfutation des diverses appréciations du major Wilks par **M**. Chamier, est trop importante pour que nous ne tenions pas à la reproduire dans la langue originale où elle a été écrite, de manière à en rendre l'intelligence facile, particulièrement à ceux qui ne pourront la lire que dans cette langue.

Wilks of the South India, 1 vol. in-4° chap. V. *History of Mysoor*.

Pages 134-135. In Egypt we have the most distinct evidence that one fifth was the land-tax, or the Sovereign's share of the crop. * Pharaoh took up «the fifth part of the land of Egypt in the seven plenteous years » The fifth must consequently have been his established share : and after the supposed purchase by Pharaoh of all the land and all the people of Egypt in return for food during the famine, the fifth only was the share which he continued to exact. I hope to be pardoned by biblical critics for the presumption of offering a short observation on this transactions. The learned Blackstone is of opinion that Pharaoh in this instance, like the feudal Sovereigns of later days, acquired the allodial rights, and granted back the land as a *beneficium* or *feud* : and the *very acute investigator* of the principles of Asiatic monarchies, thinks that by the latter part of the transaction, Joseph had only bound the husbandmen more strongly to the obligation of paying the established tax to the Sovereign.

Remark : (1) Is it not very singular that major Wilks, throughout the whole of this discussion, should not have condescended to notice the arguments of this *« very acute investigator »* with regard to the proprietary right of the soil in India. Major Wilks must have been well aware that Patton's opinions on this subject are chearly opposite to his own, and are at the same time supported by arguments the most forcible and reasoning the most conclusive. Major Wilks must have

---

* Genesis, chap. XLVII. V. 13 à 27.

(1) Il est inutile de prévenir que les remarques sont de M. Chamier.

found himself unequal (though diffidence is not often disco-
vered in his writings) to combat the opinions of Patton on
this subject an abstract of which may be seen at page 198.

Page 171. And the Meerassi of a village was defined to be
« a preference of cultivation derived from hereditary resi-
dence ».

Remark. For the word « preference » substitute « right » and
nothing can be more correct than this definition of Meeras or
Cawneyatchi : what else is meant by Menu when he says :
« Cultivated land is the property of him who cut away the
wood, or who first cleared and tilled it ». Major Wilk's principal authority for any thing he writes on the subject of landed
tenures in India, is Mr. Ellis a man of great talent and research,
but whose partiality for the natives (carried to the most ridi-
culous extent) led him to form for himself and them a system
of rights and privileges, before entirely unknown in India
and not yet even understood by the very people whom it was
intended to benefit.

Page 173. If, says the Collector, he (the Meerassdar) had
only a right to cultivate, or only a preference in the cultivation, it would be equally to him as to the Pyacaree a thing
of no real value ; whereas the Meerassdar sells, mortgages,
gives away, or leaves his land to his posterity, which the
other cannot.

Remark. So little absolute proprietary right has he, that
Mr Ellis distinctly admits that the Government can give the
land to another, if the Meerassdar (or person on whom the
right of cultivation is vested) refuses to cultivate.

Vide his printed paper on Meerassy.

Page 175. (Note). But believing, and having, as I think,
proved that the Cawneyatchikars are the proprietors of the soil
it is unnecessary to give a name to the act which vests the
proprietary right of that soil in other persons and only
secures to them the rights incident to the condition of a tenant.
An able and respectable member of the Board of revenue (*)
in a note on a report of inspection of the Southern provinces
observes that « Zemindars, Rajas, Poligars, Jagiredars, are
the representatives of the Government to whom the collection
of the Government rent has ben transferred, not the absolute
property in the land, and right to demand any rent ».

Remark. Proved indeed !!! (*). Mr Hogson : one of Mr Ellis'
set, a very prejudiced man.

Même page. Subject always to the condition of paying the
standard rent.

Remark. Certainly and it is on this condition only that they hold Meerasssy.

Page 180. The Collector of Madura with an able and honest simplicity which is altogether admirable, enumerates among the impediments to the free sale of landed property : « The regulations of Government declaring the property of the soil to be vested solely in them, etc. ».

Remark. This Collector was evidently a great blockheadand did not understand, any more than Major Wilks, the respective rights of the Government and the Meerassdar, or he would not have written and Major Wilks would not have copied such nonsense.

Page 192. The author of the principles of Asiatic monarchies argues with great force that the claim of the Zemindar being limited to one tenth of the sum collected for the King, it is absurd to distinguish as proprietor the person entitled to one tenth (saverum) while the remaining nine tenths are called a duty, tax, a quit rent. The argument is conclusive : but the ingenious author has not unfolded the whole of the absurdity.

Remark. Major Wilks is glad to quote Patton here because, it answers his purpose; but he takes especial care to overlook his forcible and clear arguments regarding the rights of the Sovereign.

Même page : They have severally proved that neither the king nor the Zemindar is the proprietor.

This is false. Mr Patton ably and distinctly proves the right to exist in the ruling down.

———

Opinion de Patton citée par M. Chamier à la page 198 de l'histoire du Maïsour, par le Major Wilks.

« The existence of landed property in India is twofold namely : absolute property entitling to the rent, and existing in the Sovereign who may transmit or assign it ; possessory property (commonly called meerassy) liable for the rent, and existing in the husbandman (ryot) or occupant, under the obligation of cultivating it, so as to produce rent or revenue to the state or its substitute, which being constitutionally heriditary and also transferable, is to all intents and purposes property ; but always subservient to, and dependent upon, the person who is absolute proprietor of the same subject. Patton on Asiatic monarchies ».

(174)

ANNEXE B.

Lorsqu'il s'agit de peuples anciens, l'histoire comparée de leurs institutions est le moyen le plus sûr d'arriver à les bien connaître. Une légère esquisse de la législation juive qui s'était inspirée chez les Egyptiens des principes de la législation hindoue, nous dira quel était, à l'origine, dans l'Inde, le système de la propriété du sol. Voici ce qu'on lit dans les lettres de quelques Juifs allemands et portugais à M. De Voltaire, Tome III, 4e partie, lettre 2e § 5, page 16 :

« *Sagesse de ces lois dans le partage des terres : propriétés assurées : à quelle condition ces fonds sont donnés.*

« Le partage des terres a été regardé avec raison par tous les anciens peuples comme le chef-d'œuvre de la politique. C'est, en effet, sur ce fondement que tout porte dans un Etat.

« Or, où les terres furent-elles plus sagement distribuées que dans notre législation ? Les institutions des Romulus, des Licurgue, des Solon, etc., si vantées par les écrivains profanes, le cèdent sur ce point aux vues du légistateur hébreu. »

Page 17 : « En leur divisant ces terres il ne se contente pas de leur en assurer la possession par les lois civiles, comme les autres législateurs ; il la consacre par la religion. Dans ses principes Jéhovah est seul Seigneur dans le pays qu'il donne aux Hébreux, (1). Ils sont tous ses vassaux, et leurs terres autant de fiefs qu'ils tiennent immédiatement de Dieu même et qui ne relèvent que de lui. Les en déposséder, les leur ravir, c'eût été attenter à ses droits souverains.

« Mais ces fiefs ne leur sont point donnés sans redevances, une des principales est le service militaire ; ce n'est qu'à cette condition qu'ils les possèdent. »

Pages 18 et 19 : « *Inaliénabilité des terres : Sagesse de cette loi ; etc., etc.*

« Ce n'est pas assez d'avoir formé un si beau plan ; pour le rendre durable, le législateur déclare ces terres et les fermes nécessaires à leur exploitation absolument inaliénables (2); don-

---

(1) La terre est à moi, dit le Seigneur ; vous êtes des étrangers que je reçois chez moi : (c'est-à-dire des vassaux, des francs tenanciers à qui je confie une partie de mes domaines), Voy. Levit, XXV, 23.

(2) Levit XXV, 10, 23 « La terre ne sera point vendue pour toujours ; car la terre est à moi, dit le Seigneur. »

nées aux pères, elles doivent passer aux enfants, et rester à perpétuité dans les mêmes tribus et dans les mêmes familles. Inaliénabilité trait d'une sage et profonde politique qui, perpétuant tous les avantages de la première distribution, et qui abornant chaque citoyen à ses fonds, entretenait dans tous l'amour du travail et de la frugalité. Dès lors plus de grands propriétaires oppresseurs, ni de petits opprimés ; plus de cet odieux contraste d'un faste insolent et d'une misère extrême, qui choque en tant d'États : la cupidité des hommes avides est réprimée, les jalousies et les mécontentements sont prévenus, et tous les maux auxquels d'autres républiques tachèrent en vain de rémédier par leurs lois agraires, éloignés pour toujours.

« La plus sage distribution n'eut été qu'un bien de peu de durée, sans l'inaliénabilité, et l'inaliénabilité sans la sagesse de la distribution n'eut fait que perpétuer le désordre. La réunion de ces deux lois fut le coup de génie qui devait assurer pour toujours le bonheur de notre république. Quand le législateur juif n'aurait fait que ce bien à son peuple, il mériterait d'être mis à la tête des plus habiles politiques.

« Quiconque prendra la peine de réfléchir sur ces deux lois verra d'abord combien elles devaient être fécondes en conséquences heureuses pour le maintien de la liberté, la conservation des mœurs et les progrès de l'agriculture et de la population. »

Ces développements n'ont pas besoin de commentaire. Aujourd'hui qu'il est reconnu que la commune hindoue ou mieux le village indien est le seul débris que nous possédions de l'Administration territoriale de ce peuple, on peut, à coup sûr, affirmer que cette antique institution reposait sur le même principe que la tribu juive, c'est-à-dire, sur l'inaliénabilité du sol.

Nous pourrions encore citer la tribu Arabe dont l'organisation diffère peu de la commune hindoue.

Enfin, de même que la monarchie juive, la monarchie hindoue était théocratique. *Manou*, (livre VI, Çloka 1-8) dit : « On ne doit pas mépriser un monarque même encore dans « l'enfance, en se disant : c'est un simple mortel ; car c'est une « grande divinité qui réside sous cette forme humaine. »

Nous nous arrêtons à cette citation à laquelle nous croyons ne devoir ajouter aucune réflexion.

respectable, dans les mêmes états et dans les mêmes familles.
radicalement tout d'une sage et profonde politique qui, assurant tous les avantages de la première distribution, et qui
abonnant chaque citoyen à ses fonds, entretenait dans tous l'a-
mour du travail et de la frugalité. Dès lors plus de grande propriété, ni oppressivement de petits appropriés ; plus de cet odieux
contraste d'un luxe insolent et d'une misère extrême, qui
choque en fait d'états ; la cupidité des hommes avides est
réprimée, les jalousies et les mécontentements sont prévenus,
et tous les maux auxquels d'autres républiques indiquent au
sein de s'enfoncer par leurs lois agraires éloignés pour toujours.

« La plus sage distribution n'aurait été qu'un bien de peu de
durée, sans l'inaliénabilité, et l'inaliénabilité sans la sagesse de
la distribution n'eût fait que préparer le désordre. La réunion
de ces deux lois fait le coup de génie qui devait assurer pour
toujours le bonheur de notre république. Quand le législateur
fait n'avait fait que ce bien à son peuple, il méritait d'être
mis à la tête des plus habiles politiques. »

« Quiconque prendra la peine de réfléchir sur ces deux faits
[illegible] et about combien elles devaient être fécondes en avantages,
[illegible] heureuses pour le maintien de la liberté, la conservation des mœurs et les progrès de l'agriculture et de la population. »

[illegible] l'archipel [illegible] n'est pas besoin de remonter [illegible]. Il suffit [illegible] et reconnu que la commune Brahme en matière
de village indien est le seul débris qui reste [illegible] possédant de
l'administration territoriale de ce peuple, on peut, d'après cet
[illegible] que cette antique institution repose sur le prince
[illegible] ou la tribu juive, c'est-à-dire, sur l'inaliénabilité de
[illegible].

[illegible] nous pourrions venir citer la tribu Arabe dont l'organisation diffère peu de la commune brahme.

[illegible] l'Italie, de même que [illegible] Juifs, la monarchie
Hindoue, fait [illegible]. Voyez Mirabeau VI, Glola [illegible] ali-
[illegible] On ne doit pas [illegible] Italie [illegible] l'Inde, encore dans
[illegible] tendance à se [illegible]
[illegible] grande division [illegible] une forme bornée.
[illegible] nous [illegible] républiques nous recevons
[illegible] à [illegible]